KAMPENWAND
VERLAG

ISBN: 978-3-98660-099-0

Raiffeisenstr. 4 · D-83377 Vachendorf
www.kampenwand-verlag.de

Autor: Thomas Foster
www.thomasfostermusikproduktion.com

Korrektorat: Inez Ulrich
Bildmaterial: Thomas Foster

Versand & Vertrieb durch Nova MD GmbH
www.novamd.de · bestellung@novamd.de · +49 (0) 861 166 17 27

Printed in Czech Republic
FINIDR, s.r.o. · Lípová 1965 · 737 01 Český Těšín

THOMAS FOSTER

EDM ARRANGIEREN

Basics der elektronischen Musik

INHALT

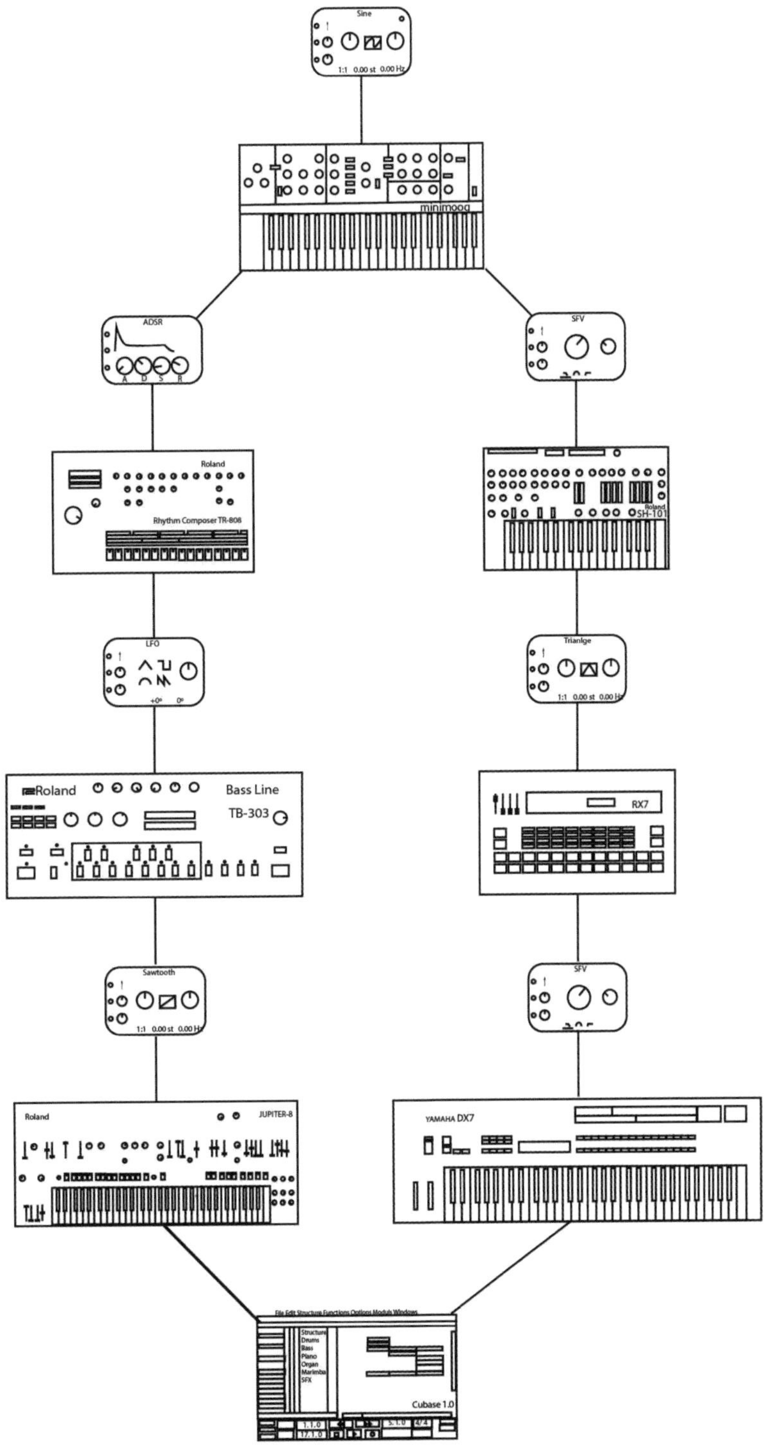

Sine
1:1 0.00 st 0.00 Hz
minimoog
ADSR
A D S R
SFV
Roland
Rhythm Composer TR-808
Roland
SH-101
LFO
Trianlge
1:1 0.00 st 0.00 Hz
Roland
Bass Line
TB-303
RX7
Sawtooth
1:1 0.00 st 0.00 Hz
SFV
Roland
JUPITER-8
YAMAHA DX7
Structure
Drums
Bass
Piano
Organ
Marimba
SFX
Cubase 1.0

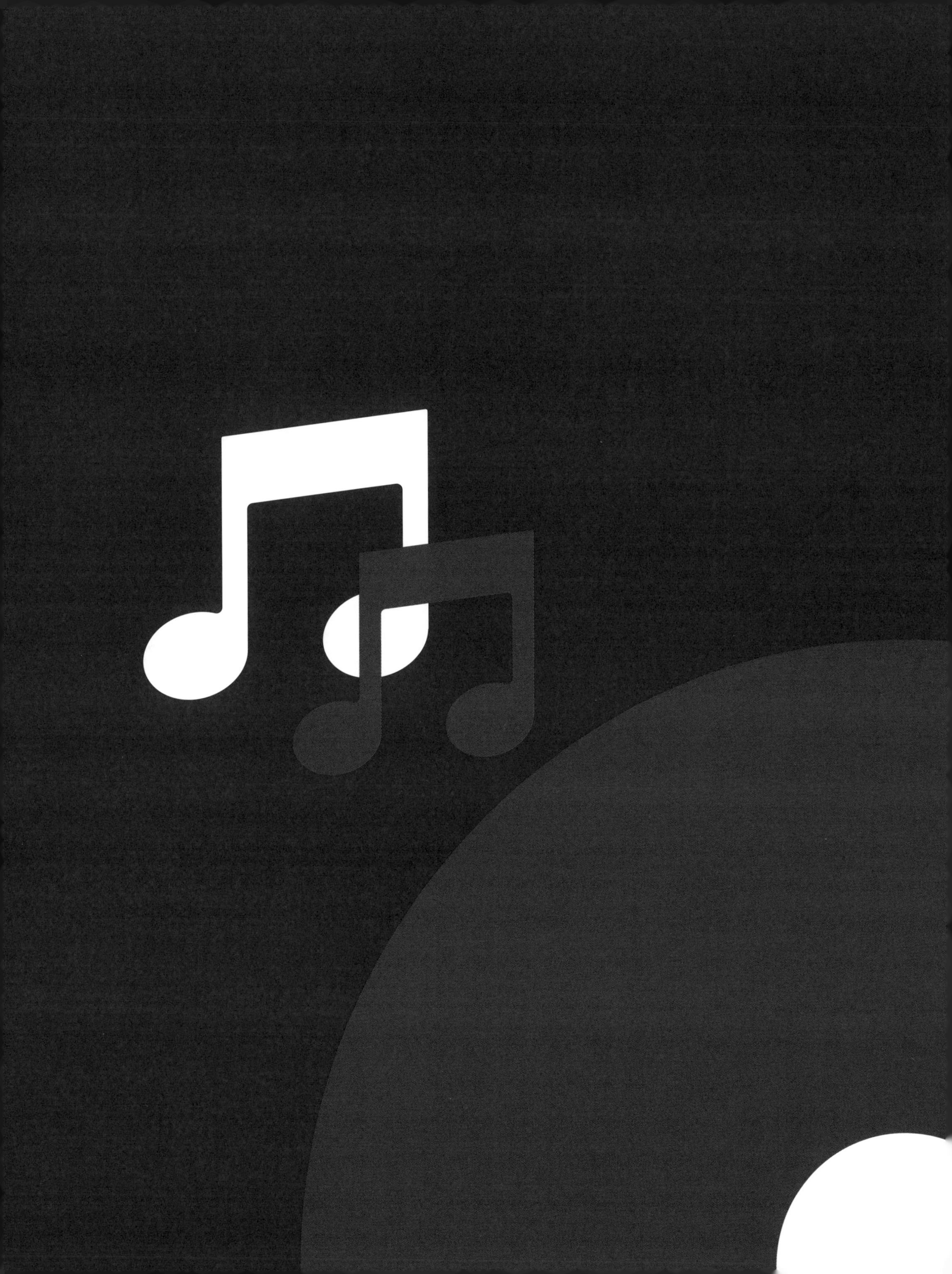

DER ERSTE KAFFEE

7:20 Uhr. Normalerweise liege ich um diese Uhrzeit noch im Bett, aber manchmal liebe ich es, so früh ins Studio zu gehen. Kein Telefon klingelt, keine Fragen von Mitarbeitern oder meinem Partner stören mich. Es gibt keine bessere Zeit, um produktiv zu sein. Mein Studio liegt nur zwei Minuten und 30 Sekunden von meiner Wohnung entfernt, aber heute fühlt es sich an, als wäre ich noch schneller als gewöhnlich, weil ich es kaum erwarten kann, meine Ideen umzusetzen.
1010 Wins heißt die Radiostation in New York City, für die wir schon seit einigen Jahren die Jingles produzieren. „You give us 22 minutes – We give you the world", heißt das Motto der Station, die wirklich jeder kennt, der in New York lebt. Und seit zwei Uhr in der Früh habe ich nur noch einen sehr leichten Schlaf, weil mein Kopf bereits die ganze Nacht an dieser Komposition für den neuen News-Opener arbeitet. Es fühlt sich an, als wäre alles bereits da und ich müsste es nur noch rauslassen, und das kann ich kaum erwarten.

Ich sperre die Eingangstüre zum Studio auf, schalte die Alarmanlage ab, gehe ins Studio, und lade mein Template, ein leeres Song-Projekt, mit dem ich immer starte, wenn ich in meinem Lieblingsprogramm *Bitwig Studios* Musik produziere. Und jetzt nutze ich die Zeit, bis alle Sounds geladen sind und gehe in die Küche, um mir einen Kaffee zu machen. Ich liebe diesen Moment: Der erste Schluck Kaffee, vor mir ein leeres Projekt, und dann geht's los!

Als Basis für die Drums möchte ich gerne ein echtes Schlagzeug verwenden. Deshalb importiere ich die Drums von meiner letzten Drum-Recording-Session in London. Die Aufnahme der Drums hat zwölf Spuren, sodass ich noch in die Lautstärke- und Klangbearbeitung jeder einzelnen Spur eingreifen kann.

Aus dieser unglaublich großen und auch etwas unübersichtlichen Session suche ich mir erst einmal einen simplen Beat, in der der Drummer nur auf der Hi-Hat und der Bassdrum spielt. Das passt besser zu einer Nachrichtenstation. Ein poppiger Beat, in dem die Snare immer auf der Zwei und der Vier schlägt. Dann suche ich mir ein paar Breaks heraus, in denen der Drummer viel auf den Toms spielt und mehrere Akzente mit dem Crash-Becken betont.

Die Schlagzeugaufnahme hat 126 bpm. Um die Geschwindigkeit der Stadt New York und die Aktualität der Nachrichten besser abzubilden, erhöhe ich das Tempo auf 134 bpm. Dank der Warp-Funktion passt sich das Tempo der Drums meinem Songtempo an, ohne dass sich die Tonhöhe der Aufnahme ändert.

Nun möchte ich den Beat noch etwas elektronisch anreichern und ihm dadurch auch etwas mehr Tempo geben. Hierfür schwebt mir eine 808-Hi-Hat vor. Als der Drumcomputer *TR-808* der Firma *Roland* 1980 auf den Markt kam, veränderte er wie kein anderes Gerät den Sound der Musik. Acts wie *Michael Jackson, Whitney Houston* und *Phil Collins* nutzten diesen neuen Sound in ihren Songs. Noch heute finden wir den Sound der *808* in der Clubmusik, in der Popmusik und ich könnte mir nicht vorstellen, wie Hip Hop heute ohne die *TR-808* klingen würde.

Heute besitzen nur noch wenige Menschen dieses Gerät und nur sehr selten wird eines davon verkauft. Ich gehöre nicht zu diesen Menschen und das macht mir gar nicht aus, denn ich besitze eine *TR-808*. Es ist bei mir ein kleines Stück Software, ein sogenanntes Plugin, das ich in meinem Programm laden kann. Diese Software-Simulation der *Roland Cloud* klingt genau so und ist genau so zu bedienen wie das Original. Genau so? Na ja, nicht ganz. Zum einen Rauscht die Simulation nicht so wie das Original und zum anderen kann ich alle Regler automatisieren und alle Einstellungen werden mit meinem Song-Projekt gespeichert. Wenn ich den Song in zwei Jahren wieder lade, ist es so, als hätte sich ein kleines Mainzelmännchen alle Einstellungen notiert und alles wieder so eingestellt, wie es damals beim Speichern war. Und dann kommt noch etwas dazu: Wenn ich die *TR-808* nicht brauche, nimmt sie nicht so viel Platz in meinem Studio weg. Ich verstehe Leute, die Spaß daran haben, mit alten originalen Drumcomputern und Synthesizer zu arbeiten und ich finde es extrem faszinierend. Aber ich liebe es, mit der Software-Simultion zu arbeiten. Das passt viel besser in meinen Workflow.

Ich lege ein Stereo-Delay auf die *TR-808*, sodass jeder Schlag eine Sechszehntel verspätet auf der linken Seite wiederholt wird und ein Achtel auf der rechten Seite. Ich aktiviere den Hochpass- und den Tiefpass-filter auf diesem Delay, damit die Wiederholungen einen dünneren und „mittigeren" Sound haben als der erste Originalschlag. Nun zeichne ich in der Pianorolle, das ist der Editor von *Bitwig Studio*, ein paar Hi-Hat-Schläge ein, um ein interessantes Pattern zu kreieren.

Als Nächstes lade ich auf einer neuen Spur den *Kontakt Player*. Dieser Sampler der Firma *Native Instruments* hat sich über viele Jahre als Standard für gesampelte Sounds durchgesetzt. Dort lade ich einen Sound namens „Alicia Keys". Das ist angeblich der originale Klavier-Sound der berühmten Sängerin und ist Ton für Ton, in allen Tonhöhen- und Velocity (Anschlag-Geschwindigkeit-)Werten abgesampelt. Ich liebe diesen Sound. Er klingt nicht zu poppig, sondern eher wie ein Jazz-Klavier und damit sehr wertig. Ich spiele mit diesem Klavier eine erste Akkord-Struktur und ein paar dramatische Bass-Bewegungen ein.

Um die Aktualität, für die eine Radiostation wie *1010 Wins* steht, akustisch hörbar zu machen, sind Synthesizer-Arpeggios, oder schnelle Rhythmen, die auf einer Note spielen, ein guter Weg. Also lade ich Simulationen von alten Synthesizern, wie den *Jupiter-8*, den *Arturia Mini V* und modernere Synthesizer wie den *Serum* oder *The Grid* von *Bitwig Studio* und gebe den Bitwig-Arpeggiator davor. Ich schaue, was mich inspiriert und wohin mich die Reise führt.

Doch um die wirkliche Größe und Nachrichtenkompetenz, für die *1010 Wins* steht, hörbar zu machen, gibt es aus meiner Sicht nur eine Waffe: ein Orchester! Ich lade den neuen *SINE Player* der Firma *Orchestral Tools*. Ich starte mit kurzen akzentuierten Streichern ein rhythmisches Motiv, das ein bisschen an einen Hans-Zimmer-Soundtrack erinnert. Nun fahre ich das gesamte Orchester auf: Bläser, Pauken, Cymbals und die Powerdrums aus dem *Kontakt*-Sound *DAMAGE 2*.

Ein paar Stunden später (mittlerweile herrscht in den Büroräumlichkeiten unseres Studios bereits voller Betrieb) ist mein kleines Kunstwerk fertig. Klein? Naja, ich habe alles getan, um es möglichst „groß" klingen zu lassen. Aber ob mir das gelungen ist, entscheidet der Kunde. Das erste Feedback jedoch gibt es von meinem Partner, der tatsächlich noch ein paar gute Anregungen hat.

Es ist noch sechs Uhr Früh in News York. Da senden sie natürlich bereits, aber aus Erfahrung weiß ich, dass es ein paar Stunden dauern wird, bis wir eine Rückmeldung bekommen. Wir schicken eine E-Mail mit dem Download-Link an alle Entscheidungsträger und um 17:00 Uhr kommt dann endlich der Anruf: "This is amazing, exactly what we were looking for." (Das ist super, genau, was wir uns vorgestellt hatten.)

Bereits wenige Tage später haben wir einen Termin mit einem echten Orchester in Skopje, das die wichtigsten Parts neu einspielt. Nicht dass jemand den Unterschied im Radio hören würde, aber es macht etwas im Kopf unserer Kunden, wenn sie wissen, dass ihre Musik nicht nur am Computer entstanden ist, sondern von 80 Menschen eingespielt wurde.

ÜBER DIESES BUCH

Welche Möglichkeiten wir heute haben, Musik zu produzieren, ist unglaublich, und für mich ein kleines Paradies. Nachdem ich mich schon seit meinem zwölften Lebensjahr mit dem Thema Musikproduktion beschäftige, kann ich mich noch sehr gut an die Zeiten erinnern, in denen im Computer nur ein paar MIDI-Noten waren, die editiert werden konnten. Und die ganzen Geräte, die man sich als Normalsterblicher nicht leisten konnte, ersetzt heute ein kleines Stück Software, das wir bei Bedarf laden, automatisieren, und mit unserem gesamten Projekt speichern können.

In diesem Buch möchte ich euch durch alle für mich wichtigen Stationen eines Arrangements durchführen, euch Möglichkeiten zeigen, und die dafür richtigen Tools an die Hand geben. Dabei werde ich kein Geheimnis daraus machen, mit welchen Plugins ich gerne arbeite, aber mir ist es wichtig, euch auch aufzuzeigen, mit welchen Tools andere Produzenten am liebsten arbeiten. Deshalb habe ich bei allen wichtigen Fragen, wie „Welches Plugin hat den besten Klavier-Sound?“ oder „Welche Library eignet sich für Drums-Sound?“ nicht nur meine Meinung aufgezeigt, sondern auch die Meinungen befreundeter Produzenten eingeholt, sowie einige Umfragen in meiner Facebook-Gruppe „Thomas Foster Musikproduktion (German group)” durchgeführt.

Diese Produzenten schreiben neben mir in diesem Buch über ihre Erfahrungen:

KLAAS GERLING

ist ein deutscher House-DJ und Musikproduzent, der durch die Produktion des 2008 erschienenen Remixes „Infinity” Bekanntheit erlangte.

Klaas Gerling war Gast in meinem Podcast. Über diesen QR-Code geht’s zum Link:

scan me!

PETER RIES

hat für *No Angels, Sandra, Thomas Anders, EAV, N Sync, Kristine W, Jennifer Paige, Sally Oldfield, Love Inc., N Sync, Rilke Projekt, Deutschland sucht den Superstar, Mike Leon Grosch* und viele andere komponiert und produziert.

Peter Ries war Gast in meinem Podcast. Über diesen QR-Code geht's zum Link:

WALTER MAIR

Der gebürtige Österreicher lebt heute in London und ist Komponist für Film, TV und Videogames. 2007 gründete er das Unternehmen *Metronome Ltd.* (www.themetronome.co.uk). Unter anderen produzierte er den Survival-Thriller „Till Death“ mit *Megan Fox, Ryan Goslings* Thriller „Lost River“, Oliver Hirschbiegels Cold-War-Series *The Same Sky*, *Squid Game*, *Call of Duty* von Activision und *Grand Theft Auto* von Rockstar Games. Die Kompositionen wurden vielfach mit internationalen Awards ausgezeichnet, darunter mehr als zwölf Auszeichnungen des amerikanischen Telly Awards sowie New York Film Award, Ivor Novello Award und Clio Award.

Walter Mair war Gast in meinem Podcast. Über diesen QR-Code geht's zum Link:

STEFFEN HARNING

Produzent und DJ seit Anfang der 90er Jahre, startete seine Karriere als Produzent des Eurodance-Projekts „Pharao“ (5x Gold und ECHO-Nominierung). Er schrieb und produzierte danach unter anderem für *Haddaway, Hildegard Knef, Thomas Anders* oder *Bonzai Records*. Steffen Harning landete in den späten 90ern mit den Housemusic-Projekt Milk & Sugar den nächsten Erfolg, und spielte seitdem als DJ fast auf der ganzen Welt auf unzähligen Events. Nach der Trennung von *Milk & Sugar* im Jahr 2022 widmete er sich seinem Solo-Projekt Steven ‚Sugar‘ Harding sowie seinem neuen Label Confection Music. Er betreibt außerdem ein Artistmanagement, eine Social Media Agentur und ein Tonstudio, wo er für Artists verschiedener Genres produziert. Das Studio ist als Apple Digital Masters (ADM) Mastering-Studio zertifiziert.

Steffen war Gast in meinem Podcast. Über diesen QR-Code geht’s zum Link:

ROBERT RETTBERG

aus Los Angeles hat die Filmmusik zu *Saving Flora* (2018), *The Oogieloves in the Big Balloon Adventure* (2012) und *Let’s Fall Out* (2017) geschrieben. Außerdem hat er für *Lady Gaga, Demi Lovato, Pitbull, Bon Jovi, Pentatonix, JC von NSync, Pete Tong, Eric Morillo, DJ Splyce* und viele weitere Künstler gearbeitet.

CHRISTIAN HAMM

hat mit *Anastacia, *NSYNC, Tiësto, Michael Bolton, Christina Milian, Hilary Duff, Black-Eyed-Peas-Produzent Ron Fair, Jon Secada* und *Haddaway* zusammengearbeitet.

Christian Hamm war Gast in meinem Podcast. Über diesen QR-Code geht's zum Link:

BILLY KING

hat über 50 Gold- und Platin-Auszeichnungen als Produzent erhalten und mit Stars wie *Dieter Bohlen, Alex C, Santiano, Roland Kaiser, Helene Fischer, Blind Guardian, Mr. President, DJ Ötzi* und *Westernhagen* zusammengearbeitet.

Billy war Gast in meinem Podcast. Über diesen QR-Code geht's zum Link:

HANS-MARTIN BUFF

versteckt sich seit dreißig Jahren in Tonstudios – als Recording Engineer und als Musikproduzent. In dieser Zeit hat er Künstler von *Prince* bis zu den *Scorpions* betreut. Für *Prince* arbeitete Hans-Martin viele Jahre in dessen *Prince' Paisley Park Studios* in Minneapolis und aktuell für den britischen Künstler *Peter Gabriel.*

Hans-Martin hat sich zuletzt der 3D-Musik verschrieben und nutzt sein Wissen derzeit als Partner der *Real World Studios* in England und der MSM-Studios in München. Hans-Martin Buff war Gast in meinem Podcast.

Über diesen QR-Code geht's zum Link:

JULIUS VON MALDEGHEM

ist 21 Jahre alt und hat zwar noch keine Gold- und Platinauszeichnungen, studiert aber Musikproduktion am Berklee College of Music in Boston. Ich fand es interessant, zu diesen Umfragen auch Meinungen von einer jungen Person, die auch den Input der Universität in Boston wiedergibt, einzuholen. Sein erster Erfolg war die Musik für die deutsche Kultserie „Löwenzahn" im ZDF. Wenn ich Julius so beobachte, wie er arbeitet, bin ich mir sicher, dass wir die nächsten Jahre noch ganz viel von ihm hören werden.

Julius war Gast in meinem Podcast. Über diesen QR-Code geht's zum Link:

DJ KC ALIAS KAI SOFFEL

ist seit 1986 als DJ tätig. KC arbeitet viel mit internationalen Größen im Tonstudio. Seine Arbeit ist schon sehr oft mit Gold und Platin-Schallplatten veredelt worden. Außerdem hat KC zwei eigene Radiosendungen: Wöchentlich legt er vier Stunden auf Antenne Mainz und zwei Stunden auf Radio Frankfurt auf. KC ist offizieller Botschafter der World Peace Parade.

Kai war Gast in meinem Podcast. Über diesen QR-Code geht's zum Link:

In diesem Buch werdet Ihr des Öfteren QR-Codes finden. Diese führen an eine bestimmte Stelle eines YouTube-Videos, an der das jeweilige Beispiel akustisch und visuell dargestellt wird. Richtet dazu einfach die Kamera eures Smartphones auf den QR-Code (die meisten können heute ohne Zusatz-App einen QR-Code scannen) und öffnet den dahinterliegenden Link.

Ich habe für dieses Buch eine Checkliste erstellt, nach der ich vorgehe, wenn ich einen Song, Track oder Jingle produziere:

ARRANGER CHECKLIST	
☑	Drums
☑	Percussion
☑	Soundeffekte
☑	Bass
☑	Akkorde
☑	Arpeggios
☑	Gitarren
☑	Melodien
☑	Orchester

Nichts davon ist ein Muss. Wahrscheinlich wird man für einen Rocksong keine Arpeggios brauchen und für einen Techno-Track keine Gitarren, aber bei vielen Musikstilen ergibt es Sinn, diese Liste durchzugehen und sich zu fragen: Habe ich die richtigen Drum-Sounds? Braucht dieser Track Percussion oder Soundeffekte? Fehlen mir noch Melodien oder reicht der Gesang? Diese Liste hat mir in der Vergangenheit meistens geholfen, die richtigen Schritte zum Erstellen eines Arrangements zu finden. In diesem Buch gehe ich mit euch die Liste Punkt für Punkt durch und zeige euch, welche Sounds, Plugins und Möglichkeiten es gibt, um ein Arrangement zu erstellen.

Ich mache diesen Beruf jetzt seit über dreißig Jahren und wenn ich mehr als eine Woche im Urlaub bin, kann ich es kaum erwarten, wieder in mein Studio zu kommen und Musik zu produzieren. Ich hoffe, ich kann mit diesem Buch etwas von dieser Faszination auf euch übertragen. Danke, dass ihr euch entschieden habt, dieses Buch zu lesen. Viel Spass!

ÜBER MICH

Ich leite mit meinem Partner Peter Kent in Österreich ein Musikproduktionshaus mit dem Namen *Foster Kent*, das sich darauf spezialisiert hat, Jingles für Radio- und TV-Stationen zu produzieren. Wir haben bereits im Alter von sieben Jahren angefangen, Musik zu machen. Damals haben wir unsere erste Band „The Flying Potatoes" gegründet. Mit 22 Jahren haben wir begonnen, Musik für den ORF (Österreichischer Rundfunk) zu schreiben und das gesamte akustische Design für mehrere hundert Radio- und TV-Stationen weltweit zu produzieren. Also die Musik zu Beginn der Nachrichten, die Musik, die unter dem Wetter bzw. Verkehrsfunk spielt, und die gesungen Elemente zwischen zwei Songs, die den Höher daran erinnern, welche Station er gerade hört.
Vor etwa fünf Jahren habe ich meinen YouTube-Kanal „Thomas Foster Musikproduktion" gestartet, der heute bereits über 56.000 Abonnenten zählt. Dort findest du Tutorials für alle wichtigen DAWs, wie *FL Studio, Logic Pro, Cubase, Ableton Live* etc., sowie die wichtigsten Plugins und Produktionstechniken. Passend dazu gibt es auch einen gleichnamigen Podcast, der alle zwei Wochen erscheint.

Auf meinen Twitch-Kanal „Thomas_Foster_music" produziere ich fast jede Woche zusammen mit anderen erfolgreichen Produzenten Musik in unterschiedlichen Genres: House, Trance, Pop, Deep House und vieles mehr. Die Zuschauer können über den Chat Fragen stellen und Anregungen geben, quasi ein Teil der Produktion sein.

Vor etwa drei Jahren haben Peter und ich, zusammen mit einem ehemaligen Mitarbeiter der Firma Sony das Startup-Unternehmen Mugent Music Software GmbH gegründet. Auf der Homepage *Mugent.com* kann man sich tolle Samples und Loops kostenlos downloaden und für die eigene Produktion nutzen. Keine Kreditkarte und kein Login sind notwendig. Einfach suchen, finden, anhören und downloaden. Und natürlich habt ihr auch die Rechte, diese Sounds (verwendet bzw. verarbeitet in euren Songs und Tracks) auf Spotify, iTunes und all den anderen Plattformen zu veröffentlichen.

Vor Kurzem haben wir das erste Plugin veröffentlicht: Den *Mugent Player!* Dieser sowie gewisse Instrumente und Kits, die man in diesem Plugin findet, sind auch gratis. Einige Sounds kosten auch etwas. Da alle Sounds und Kits in der Cloud liegen, gibt es jeden Monat neue Sounds, die man direkt im *Mugent Player* downloaden kann.

Für einige Beispiele in diesem Buch wurde der *Mugent Player* verwendet, aber in den Umfragen kommt er nicht vor, da das Tool zum Zeitpunkt der Umfragen noch nicht existiert hat.

Mit *Mugent* haben wir noch Großes vor. Bereits nächstes Jahr wird es spannende Neuigkeiten geben!

JETZT GEHT'S LOS!

Für diejenigen, die dieses Buch lesen, noch nie Musik produziert haben und sich erst die notwendige Hard- und Software besorgen müssen, möchte ich, bevor wir so richtig loslegen, noch ein paar Tipps bzw. Orientierungshilfen geben.

Das Wichtigste ist zum einen die Wahl der richtigen DAW. DAW steht für Digital Audio Workstation. Damit ist das Computerprogramm gemeint, in dem man Musik arrangiert bzw. produziert. Hier ein Überblick der wichtigsten Programme:

CUBASE

1989 veröffentlichte die Firma *Steinberg* die erste Version von *Cubase* und damit die erste DAW. Heute ist *Cubase* nach wie vor eines der erfolgreichsten Programme. Produzenten wie Hans Zimmer, Ian Kirkpatrick (Dua Lipa) und Tiesto arbeiten damit. Ich glaube, *Cubase* ist eines der besten, wenn nicht sogar DAS beste Programm, wenn es um „echte" Musik, wie Rock, Soul, Funk, Singer-Songwriter und natürlich auch Filmmusik geht.

ABLETON LIVE

Als *Ableton Live* auf den Markt kam, hat sich die Firma *Abelton* damit an DJs und Leute gewandt, die eher elektronische Musik produzieren wollen. Bis heute hat *Ableton Live* keine Notendarstellung und die meisten User wüssten wahrscheinlich auch nicht viel damit anzufangen. Dementsprechend eignet sich *Ableton Live* aus meiner Sicht heute noch am ehesten für elektronische Musik, wie Techno, House, Hip Hop und Ähnliches.

FL STUDIO

FL Studio ist die am meisten verwendete DAW. Das liegt mit Sicherheit auch an dem günstigen Preis und der Tatsache, dass man für Updates nichts extra bezahlen muss. *FL Studio* funktioniert teilweise etwas anders. Einige Funktionen sind, wie ich finde, auch sehr umständlich, aber alle FL-Studio-User sind sehr begeistert und bleiben oft auch dabei.

LOGIC PRO

Logic Pro ist im Eigentum der Firma *Apple* und läuft daher nur mit dem Betriebssystem *macOS*, also auf Apple-Computer. *Logic Pro* ist günstiger als vergleichbare Programme wie *Cubase* und *Abelton Live*. Wenn man also bereits einen Mac besitzt, ist das bestimmt eine gute Option.

Wenn man sich deswegen erst einen Computer (Mac) kaufen muss, könnte man diese DAW-Lösung auch als die teuerste bezeichnen. *Logic Pro* hat aus meiner Sicht die mit Abstand größte Auswahl an Sounds und Instrumenten. Leider sind ein paar Funktionen in die Jahre gekommen, wie zum Beispiel die Automation, die ich bei anderen Programmen als besser empfinde.

GARAGE BAND

Garage Band ist eigentlich die kleine Version von *Logic Pro*. Das bedeutet, wenn man einen aktuellen Apple-Computer hat, hat man diese Software bereits kostenlos dabei. Das Programm ist sehr übersichtlich und daher leicht zu verstehen, und wenn man mehr Funktion möchte, kann man sofort auf *Logic Pro* wechseln und findet sich dort sehr schnell zurecht.

BITWIG STUDIO

Bitwig ist mein Lieblingsprogramm! 2009, etwa zwanzig Jahre nach *Cubase* und etwa zehn Jahre nach *Ableton*, kam es auf den Markt. Zu diesem Zeitpunkt konnte diese Firma sich alle anderen Musikprogramme anschauen und in Ruhe überdenken, was sie besser machen können. Auch die Software-Programmierung hat, wenn man zwanzig Jahre später startet, und nicht auf einer uralten *C++*-Programmierung aufsetzen muss, einige Vorteile, und ich finde, das merkt man, wenn man mit diesem Programm arbeitet. Aber es ist auch das teuerste Programm. Man sollte sich also genau anschauen, ob man die Vorteile wirklich nutzen kann.

PRO TOOLS

Pro Tools ist ein Standard in großen Studios geworden. Alle Orchester-Produktionen werden heute auf *Pro Tools* gemacht, ebenso der Sound für Kinofilme und viele der großen Hits werden auf *Pro Tools* gemixt. In diesem Buch geht es um Arrangieren und dafür halte ich *Pro Tool* für keine gute Wahl.

WELCHE DAW VERWENDET IHR?	
Ableton Live	31 %
Cubase	26 %
Logic Pro	17 %
FL Studio	11 %
Bitwig	7 %
Studio One	5 %
Garage Band	1 %
Pro Tools	1 %
Reason	1 %
Dies ist das Ergebnis einer Abstimmung in meiner Facebook-Gruppe „Thomas Foster musicproduction (german group)"	

MIT WELCHEM PROGRAMM ARBEITEST DU?
KLAAS GERLING: „Cubase“
CHRISTIAN HAMM: „Logic Pro“
PETER RIES: „Mein Programm von erster Stunde an und unterschiedlichsten Namensgebungen ist Logic Audio. Angefangen habe ich mit dem C-Lab „Creator von Emagic, die Erstlings Ausgabe von Logic Audio ;).“
STEFFEN HARNING: „Logic, Ableton & ProTools“
BILLY KING: „Logic. Immer die allerneueste Version.“
WALTER MAIR: „Logic Pro“
KAI SOFFEL: „Pro Tools 12 Ultimate“
JULIUS MALDEGHEM: „Logic / Ableton. Für Orchester / Film Scoring Projekte meistens Logic, für Rap und Pop auch gerne Ableton.“
ROBERT RETTBERG: „Logic zum Komponieren und Protools zum Mixing und Mastering“
HANS-MARTIN BUFF: „Pro Tools und Ableton“

Als nächsten Schritt sollte man sich für einen Computer entscheiden. Ich bin ein großer Apple-Computer-Fan und würde auch immer zum Kauf eines Apple raten. Alle professionellen Produzenten, die ich kenne (damit meine ich Menschen, die mit dem Musikproduzieren tatsächlich ihr Geld verdienen), arbeiten mit Apple. Aber ich kenne auch viele, die Musik eher als Hobby machen, dafür einen Computer mit Windows nutzen und davon schwärmen, wie gut das funktioniert.

Und dann gibt es natürlich noch Linux. So sehr ich ein Fan von dem Konzept bin, so sehr würde ich auch davon abraten, da man zu viele Programme, zu viele in diesem Buch erwähnte Plugins, die auch mit Linux funktionieren, nicht bekommt.

Und dann sollte man sich für ein Audio-Interface bzw. eine Soundkarte entscheiden. Manche Audio-Interfaces haben einen internen, latenzfreien Mixer, der vor allem bei Gesangaufnahmen eine wichtige Rolle spielt. Latenzfrei bedeutet, dass man keine Verzögerung des Audiosignals bei der Wiedergabe hat. Wir verwenden in unserem Studio das *Apollo* der Firma Universal Audio, aber es gibt natürlich auch günstigere Varianten.

Geht es auch ohne Audio-Interface? Viele Computer haben heutzutage ein eingebautes Audio-Interface, und dessen Qualität wird immer besser. Wenn man nur das hören möchte, was in der DAW passiert, keinen Gesang und keine Instrumente aufnehmen möchte, kann man natürlich auch mit dem internen Interface des Computers starten. Langfristig wird man aber ohne ein professionelles Audio-Interface nicht auskommen.

Ich habe für dich eine Umfrage gemacht, welche Interfaces in meiner Facebook-Gruppe *Thomas Foster Musikproduktion (German Group)* am meisten verwendet werden:

WELCHES AUDIO-INTERFACE VERWENDET IHR?	
Focusrite Scarlett	60 %
Steinberg UR22 MK II	9 %
Behringer U-Phoria UMC 404	7 %
NI Audio 6 MK1	6 %
RME Fireface UC	6 %
Steinberg UR44	4 %
Behringer Xenyx Q802 USB	3 %
UAD Apollo Solo USB	3 %
Motu MK3 Ultralite	2 %

Dies ist das Ergebnis einer Abstimmung in meiner Facebook-Gruppe
„Thomas Foster musicproduction (german group)"

Der nächste wichtige Punkt ist die Abhöre. Das sind die Lautsprecher oder auch Monitore. Wobei ich letzteren Ausdruck immer schwierig finde, da man die Audiomonitore gerne mit den Computermonitoren, also den Bildschirmen verwechselt.

Eine gute Abhöre ist nicht nur extrem wichtig, sondern auch sehr teuer. Denn neben der Qualität der Lautsprecher spielt auch die Räumlichkeit eine große Rolle. Unser Studio wurde 1996 von Jochen Veith gebaut. Die Boxen, 2 *Genelec-1038A*-Lautsprecher, sind in die Wand eingebaut. Diese Wand ist teilweise mit Sand aufgefüllt, damit die Boxen keine Vibrationen übertragen. An der Rückwand und in der Decke befinden sich spezielle Schallabsorber, die für eine gute Akustik im Raum sorgen. Das Resultat ist eine wirklich tolle Abhöre, der ich absolut vertraue. Alle Produktionen, die ich auf diesen Boxen gemischt habe, klingen danach auf allen Lautsprechern gut. Egal, ob ich meinen Mix mit dem Lautsprecher von Alexa, von unserem Kino, im Auto oder dem Club Pacha auf Ibiza höre. Aber so eine Abhöre kann und will sich natürlich nicht jeder leisten.

Deshalb gibt es hier ein paar Tipps von mir:

1. **Versucht eure Lautsprecher so nahe wie möglich an euer Ohr zu bringen. Je näher ihr am Lautsprecher seid, umso weniger spielt die Akustik eures Raumes eine Rolle. In unserem dritten Studio, ein sehr kleiner Raum, den wir „The Funky Room" nennen, (benannt nach einem Dancefloor, den es in den 90ern im Pacha auf Ibiza gab) haben wir die Lautsprecher so an der Wand angebracht, dass der Zuhörer weniger als einen Meter von beiden Boxen entfernt ist.**

2. **Die Abstände zwischen euch und den Lautsprechern sollten ein gleichschenkliges Dreieck ergeben. Der Abstand zwischen den beiden Boxen sollte also derselbe sein, der zwischen euch und den Lautsprechern ist.**

3. **Eierkartons gehören in den Kühlschrank und nicht an die Tonstudiowand. Es funktioniert nicht. Zuv iel dünne Schaumstoffplatten an Wand und Decke überdämpfen die Höhen und Mitten. Das Gleiche gilt für den Teppich an der Wand. Um auch tiefere Töne zu dämpfen, können eine Couch oder dicke, mehrlagige Vorhänge hilfreich sein. Um unter 500 Euro bekommt man zum Beispiel die *HOFA Basstraps* zu kaufen. Je eine in die Ecke des Raumes sollte die Akustik deutlich verbessern.**

WELCHES AUDIO-INTERFACE VERWENDEST DU?
CHRISTIAN HAMM: „RME Babyface Pro"
PETER RIES: „Ich verwende immer noch das Scarlett 6i6 von Focusrite und bin sehr zufrieden damit."
STEFFEN HARNING: „RME Fireface 800"
BILLY KING: „Alter Mac mit RME HDSPe MADI, steige aber bald um auf einen neuen Mac – und dann irgendwas mit USB-C. Vielleicht UA, SSL oder Apogee."
WALTER MAIR: „Apogee Symphony mk2 mit 16x16 Soundgrid"
KAI SOFFEL: „RME Micsteacy 4x"
JULIUS MALDEGHEM: „Universal Audio Apollo Twin"
ROBERT RETTBERG: „Apogee Symphony mit Logic, Avid HD I/O und Carbon mit Pro Tools"
HANS-MARTIN BUFF: „Pro Tools HD für Aufnahmen, Apollo Twin für den täglichen Hörgebrauch, RME für kompliziert Vernetztes"

Wie man ein Tonstudio mit großem Budget oder auch ein Homerecording-Studio mit kleinem Budget baut, ist eine komplexes Thema, von dem ich nicht sehr viel verstehe. Deshalb habe ich Jochen Veith gebeten, für dieses Buch ein paar Zeilen zu schreiben.

Jochen Veith hat über 2000 Tonstudio-Räume gebaut und genießt in seiner Branche einen Ruf als einer der Besten, wenn es um Akustik geht. 1996 baute er unser Foster-Kent-Studio, aber zu seinen Kunden zählen auch bekannte Künstler wie *Max Martin (Britney Spears, Pink* etc.), *301 Studios* in Australien, *Dr. Luke (LA) MSM, Florian Schneider (Kraftwerk), Gregor Meyle, The Scorpions, JustfortheRecord (LA) Universal, MMC Köln, Euro Media Babelsberg, SZM (Pro 7, Sat 1)* und viele mehr.

RAUMAKUSTIK IM HOME STUDIO
(TIPPS VON JOCHEN VEITH)

Mein guter und geschätzter Freund und Tonkollege Thomas hat mich gebeten, ein paar Zeilen zum Thema Akustik in eurem Home-Studio zu schreiben.

Wenn ein Akustiker und Studio-Designer gefragt wird, ob er mal eben schnell etwas über Akustik erzählen kann, dann fängt er in der Regel aufgrund der Komplexität an zu stöhnen. Daher möchte ich für mehr Klarheit am Anfang das Thema, verbunden mit einer Begriffserklärung, etwas einschränken.

Ich beschränke mich hier auf das Thema Raumakustik. In der Raumakustik geht es um das Verhalten von Schall in einem Raum. Anders gesagt, es geht um den Klang oder das Empfinden einer Klangquelle in einem Raum.

Es geht in der Raumakustik nicht darum, ob ihr den Nachbarn mit eurer Lautstärke belästigt oder ihr vom Straßenlärm oder den Vibrationen einer vorbeifahrenden Bahn gestört werdet und dies möglicherweise dann auf einer Aufnahme zu hören ist. Diese Themen werden in der Bauakustik und Schwingungsisolierung behandelt.

Ganz wichtig: Raumakustische Maßnahmen tragen nicht zur Schalldämmung (Isolierung) bei. Mit anderen Worten, mit Schallabsorbern kann ich nicht die Schallisolation zu meinem Nachbarn verbessern!

Zuerst müssen wir einmal die Ziele der Raumakustik in einem Tonregieraum definieren. Was möchten wir eigentlich erreichen oder was macht eine gute Tonregie aus? Diese Ziele werden grundsätzlich für große, aufwendige und teure Tonregien die gleichen sein wie für kleine Home-Recording-Studios. Nur dass man hier sicher aufgrund von Platz und Budget nicht so weit und konsequent gehen kann, um diese Ziele zu erreichen.

In Tonregien geht es darum, den von den Lautsprechern abgestrahlten Content (Inhalt) so genau und analytisch wie möglich hören und beurteilen zu können. Und dies in einer Umgebung, die der typischen Hörsituation eines Konsumenten entspricht.

Im Detail heißt das:

1. **Eine bestimmte Nachhallzeit möglichst linear über einen breiten Frequenzbereich zu erzielen. Die Nachhallzeit beschreibt das Abnehmen des Schallpegels in einem Raum nach Abschalten einer Schallquelle. Also im Prinzip wie schnell die vielen Reflexionen im Raum an Energie verlieren.**

2. **Vermeidung von frühen Reflexionen. Wir können anhand der frühen Reflexionen nach einem Schallereignis viel über die Art und Beschaffenheit des Raumes erkennen. Ist er klein oder groß, wie weit sind Oberflächen entfernt, etc. Wir wollen in einer Regie aber den Raum, in dem die Aufnahme stattgefunden hat, beurteilen. Verdecken nun die frühen Reflexionen des Regieraums die Reflexionen der Aufnahme, bin ich nicht mehr in der Lage, die Reflexionen auf der Aufnahme zu beurteilen. Außerdem beeinflussen frühe Reflexionen im Regieraum die Ortung im Stereobild und führen meist zu Klangverfärbungen.**

3. **Der Frequenzgang der Lautsprecher soll möglichst unverfälscht zu der Hörposition übertragen werden. Der Raum soll also zum Beispiel nicht zu großen Einbrüchen oder Überhöhungen in bestimmten Frequenzbändern an der Hörposition führen.**

4. **Natürlich sollen auch Flatterechos z.B. zwischen parallelen Wänden, Schallbündelungen und ähnliche akustische Störungen vermieden werden.**

Wie kann ich diesen Zielen in meinem Home-Recording-Studio nun näherkommen?

Die Akustik in einem Raum ist sehr komplex und lässt sich eigentlich nicht vollständig beschreiben, daher greifen wir zu vereinfachten Modellen.

Im ersten Modell geht es hauptsächlich um die Berechnung der Nachhallzeit. Wir bezeichnen den Ansatz als statistische Raumakustik. Wir stellen uns vor, dass in einem Raum ein diffuses Schallfeld herrscht und eine bestimmte Menge Schallabsorber gleichmäßig an den Wandoberflächen verteilt sind. Unter diesen Bedingungen kann man mit Formeln die Nachhallzeit berechnen.

In unserem Regieraum gilt das aber nur beschränkt. Bei tiefen Frequenzen zum Beispiel sind diese Bedingungen nicht mehr erfüllt. Der Grund dafür sind sogenannte Raummoden oder Resonanzen.

TIPP FÜR DIE NACHHALLZEIT:

Um die richtige Nachhallzeit in eurem Regieraum einzuregeln, kann man als Anhaltspunkt grob sagen: 1,5 x die Grundfläche des Raumes ergibt die nötigen Quadratmeter eines Absorbertyps mit 100% Wirkung, die ihr dafür benötigt. Vorausgesetzt, er ist gleichmäßig im Raum verteilt. Das lässt sich gut für mittlere und hohe Frequenzen erreichen, aber bei tiefen Frequenzen bedeutet es, dass es nahezu unmöglich ist, zu viel Tiefenabsorption zu erreichen. Die restlichen reflektiven Flächen könnten schallstreuend (diffus) gestaltet werden, jedoch sollen keinesfalls großflächige parallele Flächen entstehen.

Beim Ansatz der Geometrischen Raumakustik, unsere zweite Modellvorstellung, stellen wir uns den Schall als Schallstrahlen, ähnlich wie in der Optik mit Lichtstrahlen, vor. Bei Reflexionen gibt es Einfallswinkel und Ausfallswinkel. Dies funktioniert jedoch nur, wenn die Schallwellenlängen klein im Gegensatz zu den reflektierenden Oberflächen sind. Also funktioniert dieses Modell in unseren kleinen Räumen nur bei hohen und mittleren Frequenzen.

TIPPS FÜR DIE PRAXIS:

Stellt euch vor, der Lautsprecher strahlt Schall ab, dieser wird an den Raum-Seitenwänden, der Decke, der Wand hinter dem Lautsprecher, dem Boden usw. reflektiert und trifft dann auf eure Hörposition. Dies sind dann die ersten Reflexionen, die wir eigentlich vermeiden wollten. Um dies zu vermeiden, müsst ihr die Reflexionen entweder umlenken oder möglichst breitbandig schlucken. In der Regel sollten also an den Seitenwänden auf Höhe der Ohren zwischen Lautsprecher und Sitzplatz großflächige, breitbandige Absorber befestigt werden. Gleiches gilt für die Decke im Bereich zwischen Lautsprecher und Hörplatz und meist auch hinter den Lautsprechern.

Und nun kommen wir zu dem wellentheoretischen Ansatz, dem Modell, das wohl am schwierigsten zu beschreiben ist. Diese Überlegungen spielen, speziell bei kleinen Räumen so wie in unseren Studioräumen, eine ganz entscheidende Rolle.

Wir stellen uns nun den Schall als Wellen vor.

Die tiefste Frequenz, die wir hören können, ist 20 Hz. Die entsprechende Wellenlänge ist dann 17m! Selbst bei 100 Hz ist sie noch 3,4m . Bei 20.000 Hz hingegen ist die Wellenlänge nur noch 1,7cm. Das wäre die höchste Frequenz, die wir (als Kleinkind) noch hören können.

Da nun bei tiefen Frequenzen die Wellenlängen im Bereich der Raumdimensionen liegen, funktioniert unser geometrisches und statistisches Modell nicht mehr. Wir brauchen also diesen neuen Ansatz.

In kleinen Räumen wie unsere Studioräume dominieren sogenannte Moden oder stehende Wellen das akustische Geschehen in den Tiefen bis hinauf zu ca. 200 Hz. Wir reden also über den gesamten tiefen Mitten- und Bassbereich.

Raummoden sind dreidimensionale Muster im Raum mit ausgeprägten Schalldruck- und Schallschnellezonen, die bei der Anregung von sogenannten Raumresonanzen entstehen.

Raumresonanzen entstehen durch sich wiederholt gleichphasig überlagernde Wellen-Reflexionen.

Dies passiert im einfachsten Fall zwischen zwei parallelen Wänden, wenn die entsprechende Wellenlänge dem doppelten Wandabstand oder einem Vielfachen davon entspricht. Es gibt jedoch auch zwei- und dreidimensionale Fälle, mit diesem Phänomen. Entsprechend sind diese Muster dann auch zwei- oder dreidimensional.

Die Modendichte (Abstand zwischen den Moden) nimmt mit steigender Frequenz zu, sodass oberhalb von ca. 200 Hz diese Betrachtungen nicht mehr relevant sind.

Da unsere Ohren Schalldruckempfänger sind, kann ich bei Anregung des Raumes bei einer Resonanzfrequenz nichts hören, wenn ich mich in einer Schallschnellezone des Musters dieser Mode befinde.

Gleichzeitig sind nahezu alle Lautsprecher Schalldruckquellen. Platziere ich den Lautsprecher nun in eine Schnellezone einer bestimmten Mode, so werde ich von dem Ton, egal wo ich mich im Raum befinde, nichts hören, da der Lautsprecher bei dieser Frequenz keine Energie in den Raum einkoppeln kann.

Zusätzlich beeinflussen sich auch noch nebeneinander liegende Moden gegenseitig durch ihre Phasenlage zueinander.

Mit anderen Worten, abhängig von der Raumform, der Position der Lautsprecher und der Hörposition ändert sich der gehörte Frequenzgang bei tieferen Frequenzen ganz erheblich!

Und dies ist mit realistischen Schallabsorbern nur geringfügig zu beeinflussen.

TIPPS HIERZU:

Meist könnt ihr die Raumform eurer Regie nicht ändern. Wollt ihr nun tiefe Einbrüche oder Überhöhungen im tieffrequenten Bereich vermindern oder heilen, dann müsst ihr mit der Platzierung der Lautsprecher und der Hörposition experimentieren. Simulationstools gibt es im Internet in der Regel nur für Rechteckräume.

Grundsätzlich kann man jedoch empfehlen:

1. **Räume eher längs statt quer nutzen.**

2. **Die Hörposition nicht auf der Mitte zwischen vorn und hinten platzieren.**

3. **Die Hörposition eher deutlich vor der Mitte zwischen vorn und hinten wähle.**

4. **Den Raum links/rechtssymmetrisch nutzen.**

5. Meistens ergibt es sich, die Lautsprecher eher wandnah an der Frontwand aufzustellen und dann die sich gegebenenfalls ergebende Bassüberhöhung elektronisch abzusenken.

6. Das Stereodreieck nicht vergessen!

7. Ein Subwoofer kann nützlich sein, wenn beispielsweise die links/rechts-Symmetrie nicht beibehalten werden kann und dies zu einem ungleichmäßigen, von links nach rechts wandernden Bass führt. Ebenso, wenn der Aufstellort der Lautsprecher keine zufriedenstellenden Ergebnisse liefert, kann die Nutzung eines Subwoofers die Positionierung der Bassquelle verbessern. In solchen Fällen empfiehlt sich generell die Anwendung eines Crossovers, zum Beispiel bei 80 Hz oder tiefer.

8. Moden schwingen naturgemäß lange aus. Aus diesem Grund sollte der Raum auch im Tiefenbereich mit entsprechenden Absorbern gedämpft werden, da sonst der Bass schwammig und unpräzise erscheint.

9. Tiefenabsorber sind meist Resonanzabsorber. Diese reagieren auf Schalldruck, daher sollten sie am besten in Raumkanten oder Ecken platziert werden.

Schon in den 90ern hat SMM die Computertechnik für unser Studio geliefert und installiert. SMM ist Marktführer, wenn es um computerbasierendes Komponieren und Produzieren geht. So findet man Namen wie *The BossHoss*, *Peter Maffay* und *Glasperlenspiel* auf deren Kundenliste, aber auch Firmen wie *ARD*, *ZDF*, *Pro 7*, *RTL*, *Sony* und viele mehr.

Mike Hofer ist nicht nur Mitbegründer und Geschäftsführer von SMM, sondern auch ein lieber Freund von mir. Ich habe ihn gebeten, für mein Buch ein paar Worte zu schreiben, ein paar Überlegungen, worauf man beim Bauen eines Studios bzw. beim Einrichten eines Arbeitsplatzes, an dem man Musik produzieren kann, achten sollte.

STUDIOTECHNIK – DIE AUSWAHL IST RIESIG

TIPPS VON MIKE HOFER

Es gibt heute eine riesige Auswahl an Mikrofonen, Interfaces, Lautsprechern und Mischpulten. Von Software und Plugins gibt es sogar noch viel mehr und das Angebot erschlägt einen regelrecht. Fragt man einen Verkäufer im Laden oder am Telefon, hört man oft „Das ist ein geiler Mic-PreAmp“ oder „Das ist ein klasse Speaker.” Aber was genau ist denn bitte ein geiler Mic-PreAmp? Einer, der völlig linear ist und das Signal quasi 1:1 umsetzt, oder einer, der etwas wärme in den Sound bringt? Einer der mit nur ein paar Reglern einen fetten Sound erzeugt, oder ein Mic-PreAmp, der es ermöglicht, in alle möglichen Parameter einzugreifen? Dieselbe Frage stellt sich bei der gesamten Studiotechnik und ich verstehe auch, daß so mancher regelrecht verzweifelt, wenn ihm jeder, den er fragt, etwas anderes empfiehlt.

STUDIOTECHNIK – ENTSCHEIDUNGSHILFEN

Im Grunde geht es bei der Auswahl der richtigen Studiotechnik immer um den Sound, die Features, Kompatibilität und Bedienung. Wären da bloß nicht immer auch die völlig irrationalen Faktoren „Spaß´“ und „Haben wollen“ – die machen die Entscheidungsfindung oft schwerer als nötig.

Technische Features und Schnittstellen verschiedener Produkte kann man meistens recht einfach vergleichen. Wenn es umfangreicher wird, mach ich mir gerne auch mal ein Excelsheet und trage diese per Copy und Paste in die Spalten ein. Die Prüfung der Kompatibilität ist vor allem bei Software schon etwas aufwendiger – da muss man nicht nur das Betriebssystem, sondern oft auch die Treiber, Hardwarekomponenten und andere Applikationen beachten und dann und wann auch mal einen Hersteller anschreiben, weil nur selten wirklich alle Informationen bereitstehen.

Was den Sound betrifft, hilft nur, selber zu hören. Jeder hat einen ganz individuellen Geschmack und was dem einen gefällt, mag der andere noch lange nicht. Hier kann einem niemand wirklich helfen, aber auch beim Sound gibt es objektive Kriterien. Wenn ich z.B. einen Lautsprecher teste, habe ich immer ein paar Titel am Start, die ich gut kenne und die mir helfen, Schwächen zu entdecken. Der Titel „Delia’s Gone” von Johnny Cash - eine Mono–Aufnahme aus dem Jahre 1962 – hat zum Beispiel ein deutlich hörbares Bandrauschen und wenn ein Speaker dieses nicht rüberbringt, dann wird er mir wohl auch andere hochfrequente Signale „unterschlagen". Da die Aufnahme Mono ist, muss Johnny ganz schmal aus der Mitte kommen. Ist die Stimme breit – Hifi Enthusiasten nennen das oftmals „Bühne" - dann hat der Speaker ein Phasenproblem und zieht jedes einzelne Instrument, jedes Signal in meiner Produktion breit. Für mich ein absolutes No-Go.

Tja, und was soll ich zum Faktor „Spaß" und „Haben wollen" sagen? In fast jedem Studio, in dem ich war, stehen ungenutzte Geräte, die gekauft wurden, weil sie cool aussehen oder weil man sie einfach „haben muss". Wer sein Studio zum Spaß betreibt oder ein großes Budget hat, der kann sich hier austoben. Alle anderen sollten sich genau überlegen, was sie mit der Technik erreichen wollen. Wer „in the box" arbeitet und nur ab und zu mal was aufnimmt, der brauch keinen 8-Channel-Mic-PreAmp, und sei er noch so geil. Und wer mangels Raumakustik keine vernünftigen Aufnahmebedingungen hat und dann noch die Trambahn alle 2 Minuten vor der Tür vorbeidonnert, der braucht wohl eher auch kein Neumann U87.

Entscheidend ist bei einer Beratung: Bevor ich jemandem ein Produkt empfehle, hole ich mir immer möglichst viele Informationen ein – ohne diese ist eine seriöse Beratung schlichtweg gar nicht möglich. Es geht ja nicht darum, was ich gut finde und was zu mir passt, sondern was derjenige braucht, der mich fragt. Wenn ihr also einem Verkäufer gegenübersteht oder einen am Telefon habt, dann achtet darauf, was er fragt und was er von euch wissen will. Je mehr Infos, desto größer ist die Wahrscheinlichkeit, daß ihr gut beraten seid. Kommt er sofort mit Vorschlägen, würde ich mir lieber einen anderen „Berater" suchen.

STUDIOTECHNIK – EINKAUFSLEITFADEN

Jemand, der sein Geld mit Musik und Sound verdient und viel Erfahrung hat, der wird sich im Technik-Dschungel gut zurechtfinden. Wer Musik im Nebenberuf oder als Hobby macht und sein Heimstudio nach und nach aufrüstet, tut sich hier schon schwerer. Am besten schreibt ihr ein Anforderungsprofil für euer Studio, werft vor jeder Kaufentscheidung einen Blick in dieses und prüft, wie gut das Produkt euch bei der Erfüllung der Anforderungen weiter bringt. Aber selbst wenn es euch nicht wirklich weiterbringt, könnt ihr das Teil natürlich trotzdem kaufen – dann wißt ihr wenigstens, daß ihr es euch aus Spaß gegönnt habt.

ALLES SPIELT IN DERSELBEN LIGA

Bei Kaufentscheidungen kann euch übrigens auch der folgende Rat weiterhelfen: Die eingesetzte Technik spielt im Idealfall vom Mikro bis zu den Lautsprechern in derselben Liga, will heißen: Es bringt nichts, wenn man einen hochwertigen Mic-PreAmp am Start hat, aber nur ein billiges Mikrofon davor oder – noch schlimmer - der Aufnahmeraum nichts taugt.

DIE LETZTEN ZEHN PROZENT

Die letzten 10 % sind bekanntlich immer die teuersten, das gilt auch für Studiotechnik. 90 % aller Studiobetreiber brauchen diese letzten 10 % nicht, also lasst euch nicht verrückt machen, sondern bleibt immer mit beiden Beinen auf dem Boden.

WELCHE SIND DIE RICHTIGEN LAUTSPRECHER?

Um euch für diese Frage eine Entscheidungshilfe geben zu können, habe ich eine Umfrage in meiner Facebook-Gruppe gemacht:

WELCHE LAUTSPRECHER VERWENDET IHR?	
KRK	27 %
Yamaha	20 %
Adam	22 %
JBL	8 %
Genelec	7 %
Neumann	4 %
M-Audio	2 %
Tannoy	2 %
Klein und Hummel	2 %

Dies ist das Ergebnis einer Abstimmung in meiner Facebook-Gruppe
„Thomas Foster musicproduction (german group)"

WELCHE LAUTSPRECHER-BOXEN VERWENDEST DU?
CHRISTIAN HAMM: „Genelec 1031A“
PETER RIES: „In meiner kleinen und gemütlichen Kreativ-Zelle verwende ich eine kompakte Nearfield-Abhöre von Genelec 8030A, im Zusammenspiel mit einem Subwoofer. Bei dem Thema Abhöre habe ich meine ganz persönliche Meinung: man braucht nicht viele Abhörsysteme - viel wichtiger ist, sich auf sein System, was immer man verwendet, eingehört zu sein und durch Erfahrung zu wissen, wie es unter anderen Bedingungen (Kopfhörer, Auto, Konzerthalle etc.) klingt.“
STEFFEN HARNING: „Genelec 8340 mit Subwoofer, Yamaha NS10 und Avatone Speaker“
BILLY KING: „Immer noch Genelec 1029A, aber mit Subwoofer. Sonst G.J. Acoustics und ADAM Audio.“
WALTER MAIR: „Focal SM9 sowie Barefoot MM27“
KAI SOFFEL: „Genelec 1038 , Guzauski GS3, Weber AC (Eigene Firma) und Audio Optimum“
JULIUS MALDEGHEM: „In meinem Home Studio-Setup habe ich momentan Yamaha HS-8. Meistens arbeite ich aber in den Studios bei Berklee mit Barefoot Lautsprechern oder ATC Lautsprechern.“
ROBERT RETTBERG: „ATC SC45A mit ATC SCM15 sub, Genelec 1031A, Auratone, Avantone CLA10 auf Towersonic T-S1B hydraulische Ständer, die sich nach oben und unten bewegen, damit der Lautsprecher, den ich gewählt habe, in der perfekten Position ist.“
HANS-MARTIN BUFF: „Amphion One15, Genelec 1031a, manchmal Auratone (und viele Kopfhörer).“

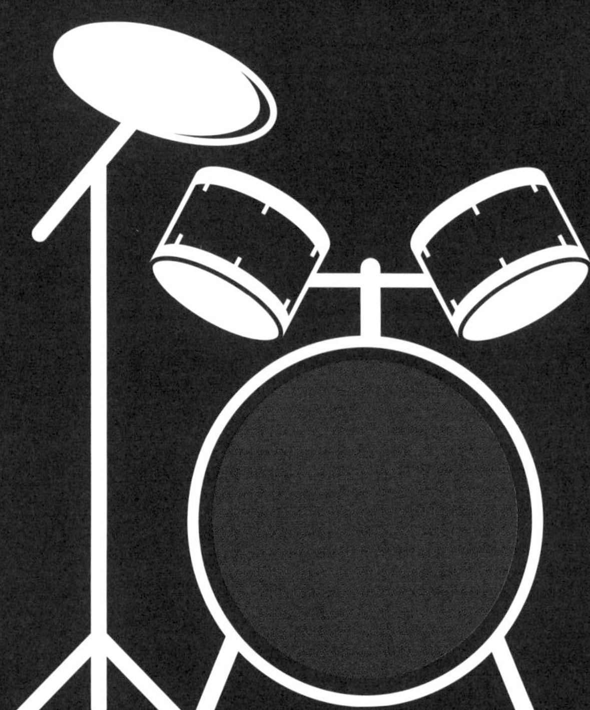

DRUMS

Ich war gerade sieben Jahre alt, als mein größter Wunsch ein Schlagzeug war. Meine Eltern waren zwar nicht reich, aber wir lebten in einem großen Haus mit Garten und mein Vater verdiente als Handelsvertreter für Verpackungsmaschinen genügend, um es sich leisten zu können, seinen Sohn dabei zu unterstützen, seinen Traum zu leben. Ich denke, er hatte auch Spaß dabei, da er selbst gerne Musiker geworden wäre. So stand tatsächlich an Weihnachten ein gebrauchtes, aber großes Schlagzeug vor einem kleinen siebenjährigen Buben, der sein Glück nicht fassen konnte.

Wir stellten das Schlagzeug in den Keller. Und nachdem meine Eltern am Wochenende gerne mit Freunden die Sauna im Keller nutzten, hatte mein Vater eigene Lautsprecher an der Stereoanlage im Wohnzimmer hängen, die er die Lautsprecher in den Keller verlegt hatte. So konnte er mit seinen Freunden zwischen den Saunagängen Musik hören. Ich liebte damals das Album „Jazz" der Band Queen. Also lief ich nach oben ins Wohnzimmer, wo die Stereoanlage lief, legte die Schallplatte auf und rannte in den Keller, um das ganze Album, oder zumindest eine Seite des Albums, durchzutrommeln. Auch wenn Roger Taylor, der Drummer von Queen, unglaubliche Breaks und Solis spielte, war der Grundbeat fast immer derselbe. Roger spielte mit der rechten Hand auf der Hi-Hat die Achtel, mit der linken Hand spielte er die Snaredrum auf der zweiten und vierten Viertel, und die Bassdrum, die man auch als Kick bezeichnet, spielte er meistens auf der ersten und dritten Viertel, und manchmal machte er mit der Bassdrum noch ein paar Extra-Schläge.

GUTE BEATS SIND MEISTENS SEHR EINFACH

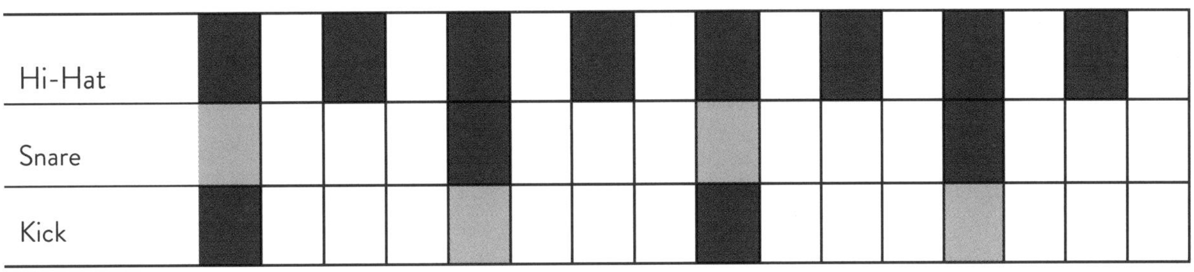

Beispiel 1: Basis-Beat, zu hören in „Another One Bites The Dust" von *Queen*

Dieser Beat zieht sich durch die gesamte Musikgeschichte, beginnend in den 60er-Jahren bis heute. Wir hören diesen genau diesen Beat im Intro von „Billie Jean" von *Michael Jackson*, in „...Baby one more time" von *Britney Spears*, sowie in dem Song „Circles" von *Post Malone*.

Oft wird einfach eine weitere Achtelnote vor oder nach dem Snare-Schlag hinzugefügt.

Hier weitere Beispiele eines Beats, bei dem die Bassdrum variiert wird:

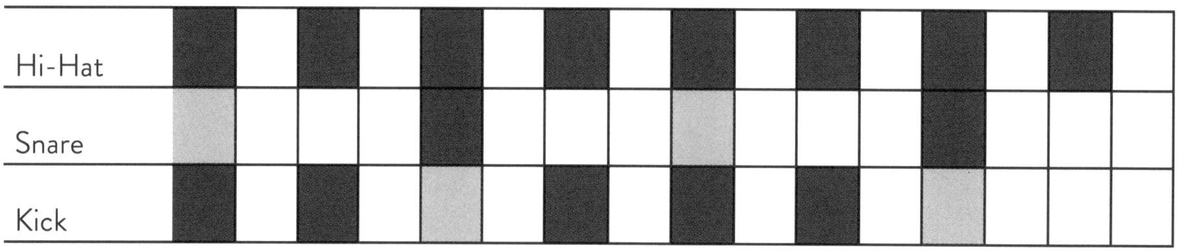

Beispiel 2: Variierter Beat, zu hören in „Don't stop me now" von *Queen*

Der beste Weg, das Produzieren von Musik zu lernen, ist „learning by doing", also es selbst auszuprobieren. Dies könnt ihr in eurer DAW, also in eurem Musikprogramm, wie *Logic*, *Cubase*, *Ableton Live* etc. machen oder aber auf der wunderbaren Seite von *Ableton Live* „Learning Music". Wenn ihr auf folgenden Link geht, kommt ihr auf eine Seite, auf der ihr all diese Beats nachprogrammieren, variieren und in unterschiedlichen Tempi anhören könnt.

What are these sounds? Learning Music – Ableton! Hier geht's zu „Learning Music":

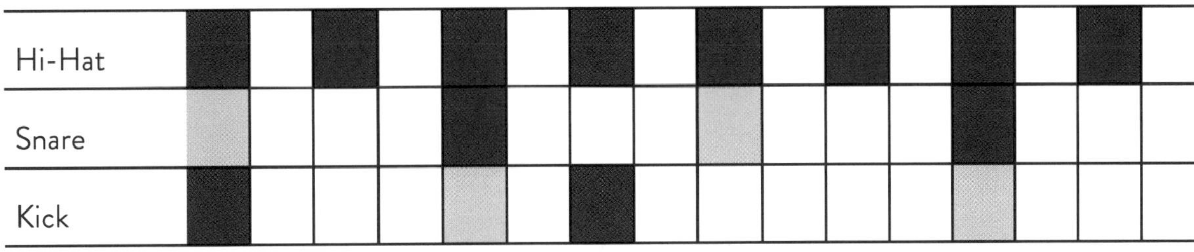

Beispiel 3: Beat, bei dem die zweite Kick um eine Achtel vorgezogen ist, zu hören in „Last Friday Night (T.G.I.F.)“ von *Katy Perry*

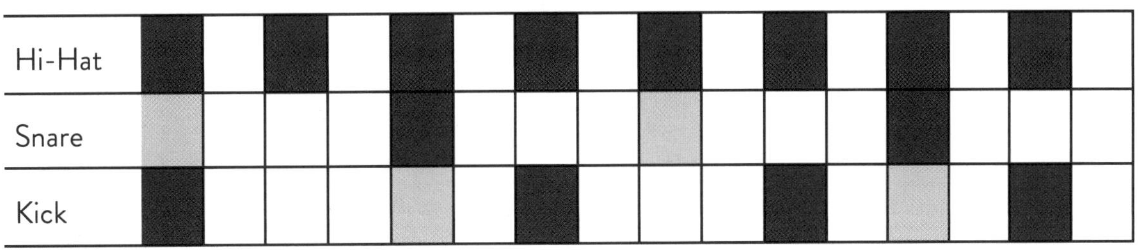

Beispiel 4: Beat mit mehr Achteln auf der Kick, zu hören in „She will be loved" von *Maroon 5*

Natürlich kann man die Bassdrum nicht nur in Achtel variieren bzw. verschieben, sondern man kann auch die Sechzehntel dazwischen nutzen. Hier ein paar Beispiele dafür:

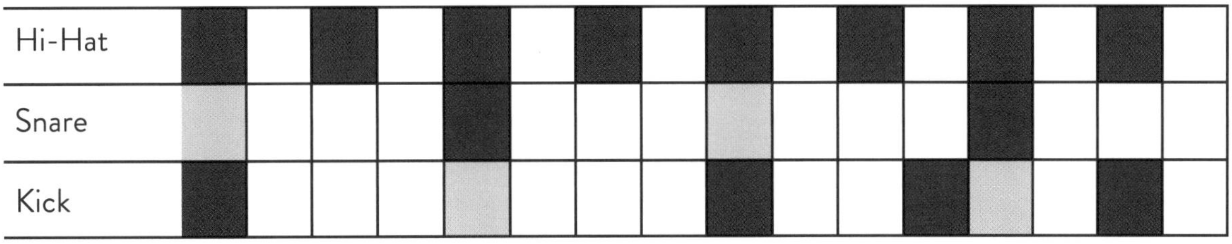

Beispiel 5: Beat mit spannender Sechzehntel-Variation auf der Bassdrum, u.a . zu hören in „Wishing Well" von *Terence Trent D'Arby*

Neben der Kick wird auch gerne die Hi-Hat variiert. Die häufigste Variation ist, anstatt der Achtel die Sechzehntel zu spielen. Dabei nutzt der Schlagzeuger beide Hände.

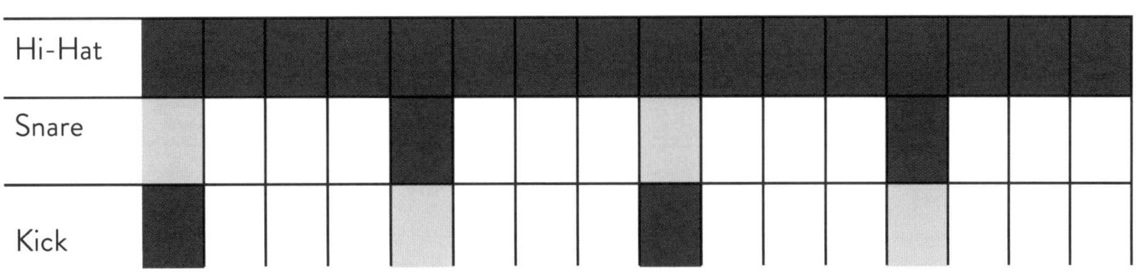

In den letzten Jahren ist ein Genre, und damit auch ein Beat in der internationalen Pop- und Club-Musik immer wichtiger geworden. Seine Wurzeln gehen zurück bis in die 80er-Jahre und sind im Reggae, Hip-Hop und Merengue zu finden: der Reggaeton.

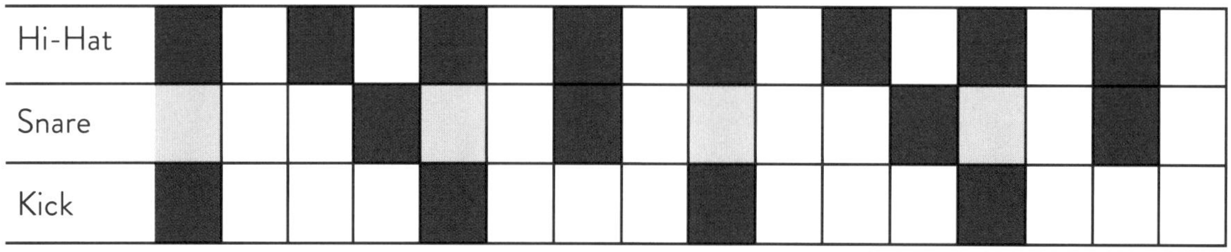

Beispiel 7: Typischer Reggaeton-Beat, zu hören in „Despacito“ von *Luis Fonsi* oder „El Pony“ von *Daddy Yankee*.

DIE RICHTIGEN DRUMSOUNDS

Neben der richtigen Rhythmik spielt natürlich auch der Sound eine wichtige Rolle. Aber woher kommen diese Sounds? Und wo findet man sie? Dazu möchte ich euch auf eine kleine Zeitreise mitnehmen: Wir schreiben das Jahr 1980. Bisher gibt es noch keine relevanten Drumcomputer und fast alle Drumsounds werden mit einem echten Schlagzeug eingespielt. Doch dann erfand die Firma *Roland* die *TR-808*.

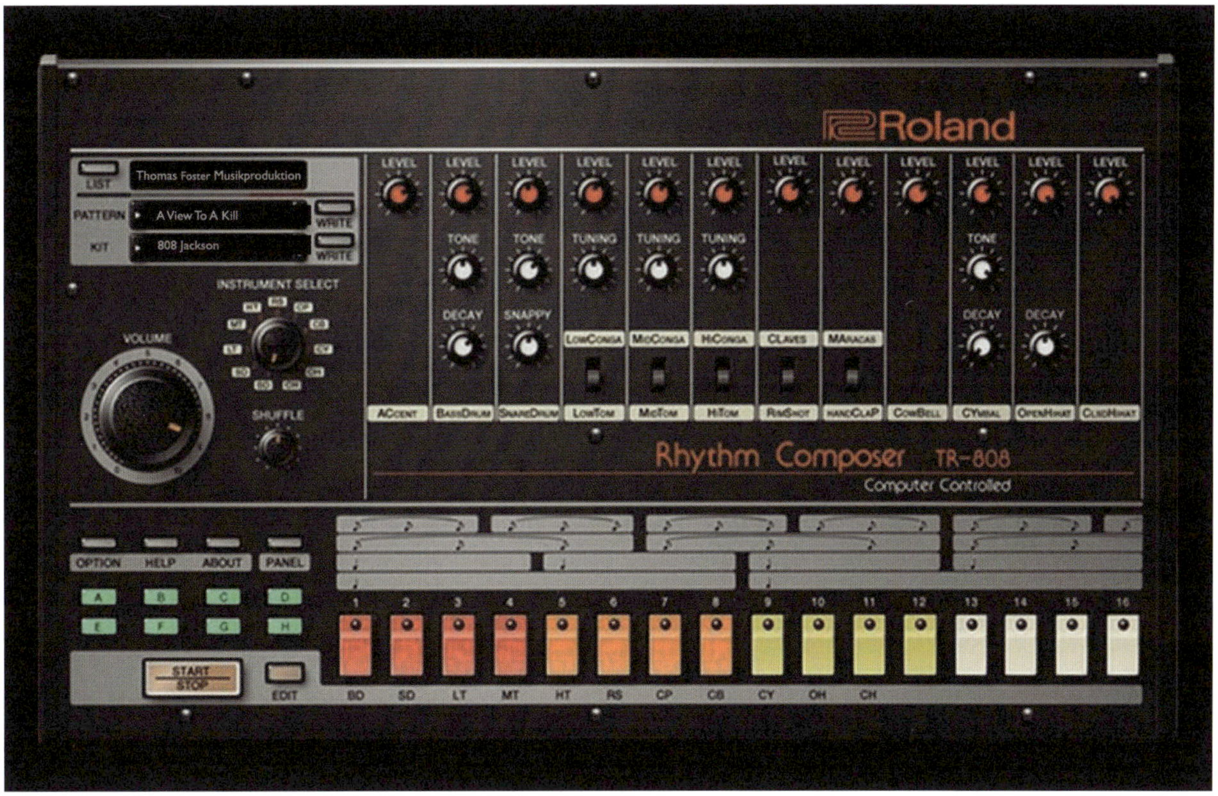

Beispiel 8: Der analoge Drumcomputer *TR-808* der Firma *Roland* prägt die elektronische Musik bis heute so sehr wie kein anderes Gerät.

Sie ist wohl die einflussreichste Erfindung der elektronischen Musik. Zuhören war sie damals in Songs von *Michael Jackson, Witney Houston, Phil Collins* und vielen anderen. Über viele Jahre hat die *TR-808* die Sounds im House, Techno, Hip-Hop und anderen Musikstilen geprägt. Und noch heute finden wir die originalen Sounds, oder Variationen davon, in Musikstilen wie Hip-Hop, House Music und auch Pop. Die größte Revolution im Hip-Hop ist der Bass, der seit einigen Jahren bei den meisten Songs eine lange *808*-Bassdrum ist. Aber dazu kommen wir im nächsten Kapitel.

Auch andere Drumcomputer der Firma *Roland* wie die *TR-909*, die *TR-707* oder die *TR-606*, sowie einige Drumcomputer anderer Firmen wie zum Beispiel die *Linn LM-1*, der *Oberheim DMX* und der *E-MU SP-1200* sind natürlich auf vielen Produktionen zu hören. Aber kein anderes Gerät wurde jemals so wichtig, wie die *TR-808*.

Natürlich gibt es heute auch viele Plugins, die mit Synthese eigene Drumsounds erzeugen können. Hier ein paar Beispiele:

- *Rob Papen Punch-2*
- *AIR Drum Synth 500*
- *D16 Group Nepheton*
- *Sugar Bytes Drum Computer*
- *D16 Group Punch BOX*

Die meisten Produzenten arbeiten heute mit Samples. Das sind Audiodateien, die eine Mischung aus analogen oder digitalen Drumcomputern und echten Drum-Samples, die mit dem Mikrofon aufgenommen wurden.

Aber woher bekommt man diese Samples?

In fast jeder DAW, also in den Programmen *Cubase*, *Ableton*, *Logic*, *FL Studio* etc. gibt es eine kleine bis größere Auswahl an Drum-Samples: Bassdrums, Snares, Claps, Hi-Hats etc. Da ich mit den meisten dieser Programme bereits gearbeitet habe (bzw. dafür YouTube-Tutorials gemacht habe), habe ich mir deren Drum-Libraries angeschaut und festgestellt, dass diese Sounds wenig mit der Realität der heutigen Musikproduktion zu tun haben.

Würde man einen House-Track mit den Samples von *Cubase,* die dort „House Music“ heißen, produzieren, würde jeder DJ, der sich mit House Music auskennt, einen Lachkrampf bekommen. Diese Sounds von Cubase oder auch der meisten anderen DAWs haben mit der Realität, also mit dem Sound, den wir in den größten Clubs der Welt, oder in den wichtigsten Charts der Welt finden, wenig zu tun. Als ich dieses Problem erkannt habe, wollte ich hier Abhilfe schaffen und startete mit zwei Freunden ein neues Startup namens *Mugent.*

Auf der Homepage mugent.com kann man gezielt nach einer Instrument-Kategorie suchen, also zum Beispiel nach „Kick“, und nach einem Genre, wie zum Beispiel „House“ oder „Techno“. Wir haben alles getan, um Sounds zu generieren, die exakt den aktuellen Sound dieser Musikstile widerspiegeln. All diese Sounds stehen kostenlos zum Download bereit. Man muss sich nicht einmal registrieren. Einfach suchen, finden, anhören, downloaden und nutzen. Warum wir dieses Projekt gestartet haben und wohin uns diese spannende Reise hoffentlich noch führen wird, werde ich zu einem späteren Zeitpunkt etwas genauer ausführen. An der jetzigen Stelle gebe ich euch nur den Tipp, doch erst einmal auf *Mugent.com* zu schauen was ihr dort gratis bekommt, bevor ihr anderswo Geld ausgebt.

Wenn jedoch der finanzielle Aspekt keine Rolle spielt, gibt es natürlich noch viele weitere Libraries: Ich nutze sehr gerne die Sounds von *KSHMR*. Niles Hollowell-Dhar ist der richtige Name des US-Amerikanischen Songwriters, DJs und Musikproduzenten. 2015 begann er mit „Sound of KSHMR Vol. 1“. Mittlerweile gibt es Vol. 1 bis 4, wobei Vol. 3 und Vol. 4 die besten Sounds haben.

Über viele Jahre war *Vengeance Sounds* der wichtigste Standard für Drumsounds. Hier findet man gut klingende Libraries für jedes Genre wie EDM, Dubstep, Trance, Dance, House, Electro etc.

Wichtiger denn je ist es, den richtigen Sound für ein Instrument zu finden. In welcher Library findet man eine passende Bassdrum? Welches Plugin bietet den passenden Bass- oder Klavier-Sound?

Zum einen gebe ich euch meine Erfahrung aus jahrelanger Tätigkeit als Musikproduzent weiter. Zweitens habe ich in meiner Facebook-Gruppe „Thomas Foster musicproduction (german group)“ Umfragen gemacht, die euch helfen, zu erfahren, womit die meisten arbeiten. Und zum Dritten habe ich Produzenten-Kollegen gefragt, womit sie am liebsten arbeiten. Damit solltet ihr alle Informationen haben, mit denen ihr für euch die beste Entscheidung treffen könnt.

Meine Facebook-Gruppe habe ich gefragt, welche Sounds/Libraries sie für Kicks (also für Bassdrums) verwenden und welche sie für Drums allgemein verwenden:

WIE BZW. WOMIT ERZEUGT IHR EURE KICK?	
Sounds meiner DAW	42 %
Kick 2 (Sonicacademy)	20 %
Mugent.com	10 %
Battery (Native Instruments)	8 %
Vengeance Sounds	7 %
Maschine (Native Instruments)	4 %
Splice	3 %
Ghosthack	3 %
Steinberg GrooveAgent	2 %
Sounds of KSHMR	1 %
Dies ist das Ergebnis einer Abstimmung in meiner Facebook-Gruppe „Thomas Foster musicproduction (german group)"	

WELCHE LIBRARY FÜR ELEKTRONISCHE DRUMS VERWENDET IHR?	
Mugent.com	19 %
Battery (Native Instruments)	11 %
Maschine (Native Instruments)	10 %
Splice	10 %
Vengeance Sounds	9 %
Ghosthack	9 %
Ghosthack	9 %
Steinberg GrooveAgent	8 %
Splice Sounds	6 %
Loopmasters	5 %
Sounds of KSHMR	4 %
Dies ist das Ergebnis einer Abstimmung in meiner Facebook-Gruppe „Thomas Foster musicproduction (german group)"	

WOHER NIMMST DU DEINE KICK-SOUNDS (BASSDRUM-SOUND)?
KLAAS GERING: „Ich designe den Sweep von ca. 200 – 40 Hz selbst durch die Gestaltung der Hüllkurve und des Pitch-Verlaufs. Die Attack der Kick (Höhen und Mitten) entsteht durch das Layern und Equalizen von Samples anderer Kickdrums.“
STEFFEN HARNING: „Ich habe eine große Menge an Libraries und viel selbst erstellt und gesampelt, auch von Vinyl. Meistens - und weil man schneller zum gewünschten Ergebnis kommt – nehme ich aber Kick 2 von Sonic Academy und lege gegebenenfalls noch eine Kick darüber.“
JULIUS MALDEGHEM: „Meistens verwende ich die Drum Sounds aus KSHMR 3 als Grundlage. Für Produktionen im Rap Bereich nutze ich auch gerne 808's und Kicks aus den Drumkits von verschiedenen Produzenten des Hip-Hop-Kollektivs „Internet Money". Darunter Cxdy und Chrismades Kits.“
PETER RIES: „Ich verwende verschiedene Sample Libraries von Vengeance, Native Instruments „Battery, bearbeitet mit EQ und Kompression.“
ROBERT RETTBERG: „Native Instruments Battery“und meine persönliche großartige Kick-Drum-Library, die ich in über 20 Jahren produziert habe.“

HIT ME BABY ONE MORE TIME

Nichts ist cooler, als ein echtes Schlagzeug selbst aufzunehmen. Das ist ein großes Abendteuer, das leider nicht ganz günstig ist.

Folgendes ist für die Aufnahme eines echten Schlagzeuges sehr wichtig:

- Der Raum sollte gut klingen.
- Die verwendeten Mikrofone sollten die richtigen sein.
- Die Mikrofon-Position sollte sorgfältig ausgewählt werden.
- Der Schlagzeuger sollte sehr gut sein.
- Der Toningenieur sollte wirklich wissen, was er macht.
- Das Drumset sollte gut sein und es muss korrekt gestimmt sein.

Meiner Erfahrung nach führen all diese Punkte dazu, dass die Aufnahme von einem echten Schlagzeug sehr teuer ist. Deshalb möchte ich in diesem Kapitel vor allem auch die Alternativen beleuchten. Denn heute gibt es bereits Plugins, die den Sound einer echten Schlagzeug-Aufnahme sehr gut simulieren.

Ich nehme sehr oft echte Drums auf, aber wenn das Budget dafür nicht vorhanden ist, nutze ich gerne den Drummer von *Logic Pro*, das Plugin *Addicted Drums*. Oder ich suche auf *Mugent.com*, denn dort stehen die besten Schlagzeug-Aufnahmen, die wir für unsere Produktionen gemacht haben, zum kostenlosen Download bereit.

WELCHE PLUGINS/LIBRARIES VERWENDET IHR FÜR ECHTES SCHLAGZEUG?	
mugent.com	23 %
Drummer (Logic Pro)	16 %
Drum Lab (Native Instruments)	13 %
Studio Drummer (Native Instruments)	10 %
Battery (Native Instruments)	10 %
Groove Agent (Steinberg)	10 %
EZ Drummer (Toontrack)	6 %
Addictive Drums (XLN)	6 %
Drum Machine Designer (Logic)	6 %
Dies ist das Ergebnis einer Abstimmung in meiner Facebook-Gruppe „Thomas Foster musicproduction (german group)“	

WELCHE TOOLS, LIBRARIES ODER PLUG-INS NUTZT IHR FÜR DRUMSOUNDS?

STEFFEN HARNING: „Ich bin ein großer Fan klassischer Drummachines, also Roland 707, 808, 909, E-Mu SP-12, Linndrum, Oberheim DMX, etc... Wenn man sich hier bedient, kann man für elektronische Musik nicht viel falsch machen. Voraussetzung ist aber, dass man die Sounds noch mit EQ, Dynamik oder Reverbs behandelt. Und man ist flexibler in der Soundgestaltung, als wenn man fertige Sounds nimmt, wo vielleicht zu viel Raum drauf ist oder das Tuning nicht stimmt."

CHRISTIAN HAMM: „Ich benutze generell für Drumsounds eine große Bibliothek von Sounds, die ich mir über die Jahre aufgebaut habe. Die meisten davon habe ich selbst produziert."

WALTER MAIR:
„Oftmals verwende ich Hardware, aber wenn Plugins, dann NI Battery oder meine eigene Sammlung, die ich über die Jahre hinweg produziert und in Folder strukturiert habe. Gerne auch NI Maschine Sound Expansions, sowie diverse Produkte von Audio Modern, Audio Imperia und Heavyocity."

ROBERT RETTBERG: „Meine Samples kommen von Battery, Apple, Slate Drums, Real Drums, Addictive Drums und Superior Drummer."

KAI SOFFEL: „Ich habe in den letzten 30 Jahren weit über 300.000 Samples gesammelt, die ich mit ‚Battery' (Native Instruments) spiele."

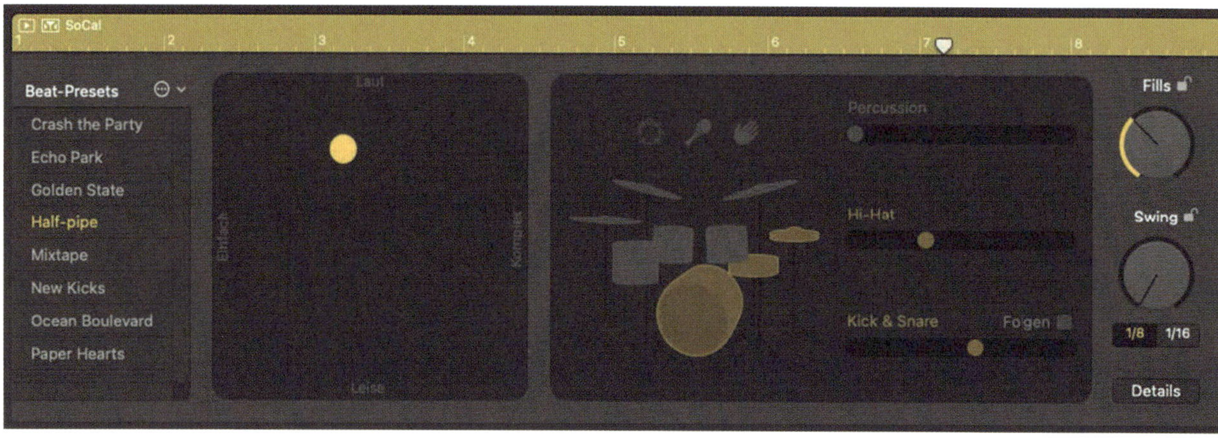

Beispiel 9: der Drummer von *Logic Pro*

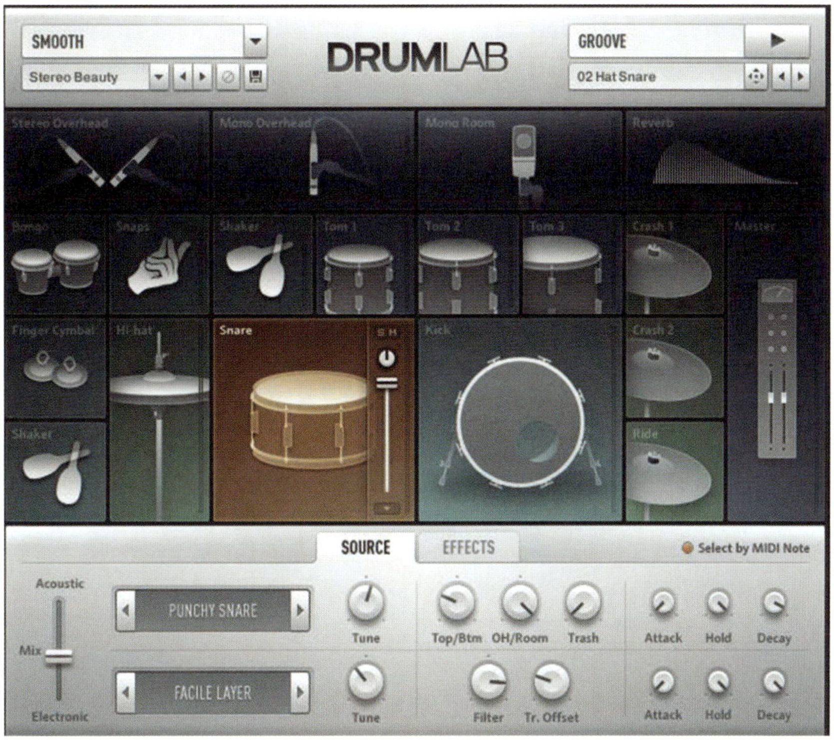

Beispiel 10: *DrumLab* der Firma *Native Instruments*, ein Sound des *Kontakt*-Players

OOPS, ICH VERWENDETE LOOPS

Viele denken, Loops zu verwenden, wäre langweilig. Dabei kann man so unglaublich kreativ werden, wenn man mit Loops arbeitet. Aber jetzt einmal ganz von vorn: Was sind eigentlich Loops? Loops sind Audiodateien mit kompletten Drum-Schlägen/Beats. So ein Loop ist normalerweise ein, zwei, vier oder acht Takte lang. Dank der sogenannten „Time-Stretching-Funktion" können Beats dem Tempo des aktuellen Songs angepasst werden, ohne dass sich die Tonhöhe ändert. In jedem Programm hat diese Funktion einen anderen Namen.

Hier eine Übersicht, unter welchem Namen ihr diese Funktion in eurem Programm findet:

PROGRAMM	FUNKTION
FL Studio	Time Stretch
Ableton	Warp
Logic Pro	Tempo Folgen
Cubase	Audio Warp
Bitwig Studio	Stretch
Studio One	Timestretch

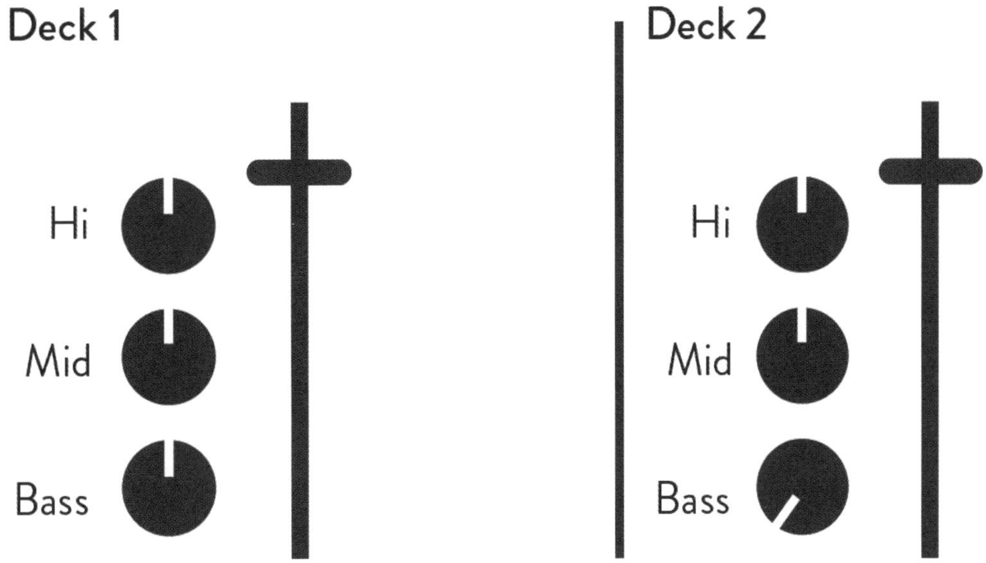

DJs drehen auf ihrem Mixer meistens die Bässe bei einem Song weg, während beide Songs gleichzeitig zu hören sind.

Auf *mugent.com* sind alle Beats in sinnvollen Tempo-Gruppen organisiert. Wenn der Song, an dem man gerade arbeitet, das Tempo 125 bpm, also 125 Schläge pro Minute, hat, wählt man die Tempo-Gruppe „116 – 130". Alle Beats, die man jetzt findet, sind problemlos mit der Time-Stretching-Funktion auf das Tempo 125 zu bringen.

In den meisten Programmen muss man für die Time-Streching-Funktion einen Algorithmus auswählen. So wählt man zum Beispiel in *Abelton Live* einen „Warp-Mode", wie „Beats", „Re-Pitch" oder „Complex" aus.

In vielen Fällen verrät der Name schon, welcher Mode für dein Vorhaben geeignet ist. Ansonsten rate ich dir, auszuprobieren, welche Einstellung am besten klingt.

Die einfachste Form ist natürlich, einen Beat zu finden und diesen eins zu eins als Hauptbeat zu verwenden. Die interessantere Version aber ist, mit mehreren Beats zu arbeiten, sie zu zerschneiden, zu filtern, vielleicht sogar umzudrehen, also rückwärts abzuspielen. So nimmt man von jedem Beat nur ein paar Schläge und kreiert so einen komplett neuen Beat.

Ich versuche immer nur eine Bassdrum zu haben. Diese stammt meistens nicht aus einem Loop, sondern ist ein Sample. Und auf alle Loops lege ich einen Hochpass-Filter, also einen Filter, der die Bässe wegschneidet. Die Frequenz stelle ich auf 200–300 Hertz ein. So kann ich sicherstellen, dass die Bässe nur von meiner Haupt-Bassdrum kommen.

Warum ist es so wichtig, im Bassbereich nur eine Bassdrum zu haben?

Erstens haben zwei Bassdrums unterschiedliche Frequenzen. Das klingt nicht schön. Es ist besser, wenn die Bassdrum nur auf einer Frequenz spielt und dadurch mehr Druck hat. Zum Anderen addiert sich die Lautstärke der zwei Bassdrums. Das heißt, in Bereichen, wo die Bassdrums von zwei Loops zu hören sind, ist die Lautstärke höher als an Stellen, wo nur ein Loop spielt. Das kann auch ein Problem sein. Deshalb empfehle ich, nur mit einer Bassdrum zu arbeiten und alle Loops zu filtern.

Wenn wir DJs dabei beobachten, wie sie den Übergang von einem zum nächsten Song machen, dann stellen wir fest, dass sie sehr oft bei dem neuen Song die Bässe wegdrehen, um dann plötzlich die Bässe des alten Songs gegen die des neuen Songs auszutauschen. Das hat genau den selben Grund: Zwei Bässe klingen nicht schön und erhöhen den Pegel.

Das beste Ergebnis habe ich immer dann erzielt, wenn ich die Basis, also Kick, Snare, Clap und Hi-Hat selbst mit Samples programmiert und mit Loops angereichert habe. Diese Loops können weitere Drum-Beats sein, können Percussion, wie Congas, Bongos oder Shaker sein, aber auch Geräusche, wie Rauschen, Athmos, Stimmen oder Hall-Effekte sind möglich

WELCHE LIBRARIES/PLUGINS VERWENDET IHR FÜR DRUMLOOPS?	
mugent.com	48 %
Vengeance Samplepacks	18 %
Splice Sounds Sample Library	12 %
Loopcloud	12 %
Apple Loops	6 %
Loopmasters	4 %

Dies ist das Ergebnis einer Abstimmung in meiner Facebook-Gruppe
„Thomas Foster musicproduction (german group)"

WELCHE TOOLS, LIBRARIES ODER PLUGINS NUTZT IHR, UM IN EUREN TRACKS ECHTES SCHLAGZEUG ABZUBILDEN?
BILLY KING: „Drums allgemein sehr gerne, Toontrack Superior Drummer: Da finde ich alles, von Dance bis Metal, und was dazwischen ist."
CHRISTIAN HAMM : „Slate Drum Sampler, Toontrack Superior Drummer"
PETER RIES: „Da gibt es eigentlich nichts Besseres als den echten menschlichen Drummer. Soll es virtuell sein, kommt Toontrack Superior Drummer 3 zum Einsatz, sowie eigene Samples aus Live-Sessions mit Drummern im Studio."
STEFFEN HARNING: „Ich mag die Toontrack Superior Drummer und EZ Drummer Libraries sehr. Aber wenn es schnell gehen muss, greife ich oft auf den Logic-internen Drum-Kit-Designer zurück."
WALTER MAIR: „Meistens echt aufgenommenes Schlagzeug, da dieser Sound den gewissen Schmut' und ‚Ungeschliffenheit' beinhaltet. Ich greife sonst auf Addictive Drums 2 zurück."
JULIUS MALDEGHEM: „Für Live-Drum-Sounds bin ich großer Fan der Drum Libraries von Native Instruments. Davon gibt es mehrere, die alle gut sind, für verschiedene Zwecke. Momentan arbeite ich viel mit dem 70's Drummer von NI. Die zahlreichen Grooves in dieser Library klingen genial. Gerne dopple ich Kick und Snare noch mit KSHMR Samples."
ROBERT RETTBERG: „Native Instruments Battery, Apple, Slate Drums, Real Drums, Addictive Drums, Superior Drummer"
HANS-MARTIN BUFF: „Wenn ich Drumsounds programmiere, fange ich meistens mit der Toontrack Library an. Danach nutze ich die Mehrspur-Möglichkeiten von Superior Drummer, um die programmierten Drums wie aufgenommene Drums zu mischen. Beim Mischen füge ich, je nach klanglicher Notwendigkeit, mit Hilfe des Slate Triggers eigene Drum-Sounds hinzu – entweder Sternstunden vergangener Aufnahme-Sessions oder liebgewonnene Samples aus diversen Libraries oder in NI Massive selbst gebastelte Unikate."

PERCUSSION

In vielen Musikstilen sind Percussion nach wie vor ein tolles Mittel, um einem Beat bzw. einem Track eine besondere Note zu verleihen. Für unsere Webpage *mugent.com* habe ich Percussion an vielen unterschiedlichen Plätzen aufgenommen, unter anderem in Istanbul und auf Hawai. Dabei erst ist mir aufgefallen, wie unglaublich viele verschiedene Percussions es gibt. Wer von euch hat schon einmal auf einer Ipu gespielt oder dem Klang einer Pahu gelauscht? Ich kannte diese Instrumente nicht, bevor Makaio, der hawaiianische Percussion-Spieler sie mir stolz präsentierte. All diese exotischen Klänge könnt ihr euch natürlich kostenfrei auf *mugent.com* downloaden. Einfach einmal „Hawaii“ als Suchbegriff eingeben.

In diesem Buch möchte ich mich jedoch lieber auf die bei uns bekannten und wichtigsten Percussions konzentrieren, beginnend mit den High-Percussions, also die höher klingenden.

DER SHAKER

Durch rhythmisches Schütteln werden kleine, in einem Gefäß eingeschlossene Rasselkörper zum Klingen gebracht. Shaker spielen meistens Achtel- oder Sechzehntelnoten.

Beispiel 11: Shaker

DAS TAMBURIN

Das Tamburin ist eine einfellige Rahmen-Trommel mit Schellen und spielt, wie der Shaker, meistens in durchgehenden Achtel- oder Sechzehntelnoten.

Beispiel 12: Tamburin

DIE MARACAS

Das Prinzip der Maracas ist dasselbe wie bei dem Shaker. Jedoch sind sie mit getrockneten Pflanzensamen, Schrot oder kleinen Kieselsteinen gefüllt und klingen daher etwas anders.

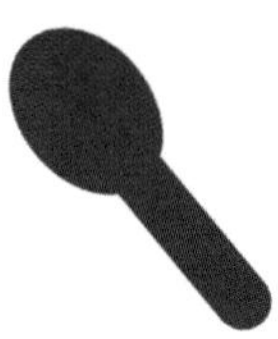

DIE CONGA

Die Conga ist eine einzellige Fasstrommel. Meistens sind es zwei Congas, die unterschiedlich hoch gestimmt sind.

Congas werden meistens mit den Händen bzw. Fingern gespielt. In den Libraries findet man oft Conga-Loops, bei denen wild getrommelt wird. So als ginge es darum, eine Verfolgungsjagd im Jungle zu vertonen. Meine Erfahrung mit Congas oder oft auch mit Percussion im Allgemeinen ist: „Weniger ist mehr". Oft klingen ein bis zwei Schläge im Mix besser als ein Feuerwerk an Trommelschlägen. Ich starte gerne mit einem Schlag (Hit) und schaue, auf welcher Position er am besten klingt. Vielleicht eine Sechzehntelnote vor der dritten Bassdrum, oder eine Achtel danach?

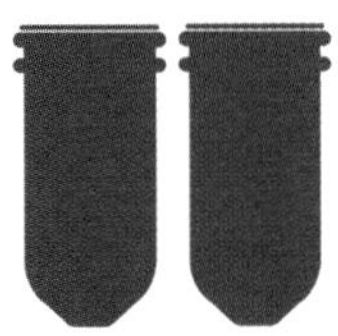

Beispiel 13: Congas

DIE BONGOS

Die Bongos sind den Congas nicht ganz unähnlich, jedoch stehen sie nicht am Boden und klingen höher.

Bei meiner Recherche für dieses Buch durfte ich ein interessantes Detail über die Bongos dazulernen: Die kleinere Trommel nennt man „macho" (Spanisch für „Männchen"), die größere „hembra" (Spanisch für „Weibchen").

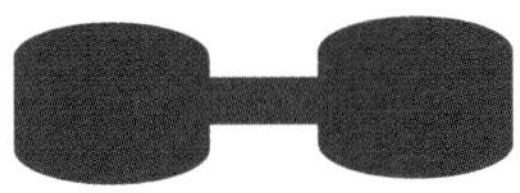

DIE CUÍCA

Mein liebstes Percussion-Instrument darf in dieser Auflistung natürlich nicht fehlen: Die Cuica ist eine Trommel mit einem Loch in der Mitte des Fells. In das Trommelfell wird ein kleiner Bambusstab eingebunden.

Um die Cuíca zu spielen, greift man in die Trommel hinein und macht eine Bewegung, für die ich keine bessere Formulierung finde, als die, die *Mike Krüger* 1981 in seinem Lied „Der Gnubbel“ besang: Man „rubbelt dran“.

Der Sound erinnert ein bisschen an einen bellenden Hund. Man findet die Cuíca sehr häufig in der brasilianischen Musik.

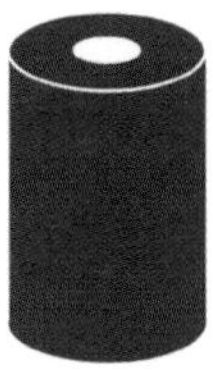

Beispiel 14: Cuíca

WELCHE PERCUSSION-SOUNDS VERWENDET IHR?	
Die Sounds meiner DAW	34 %
mugent.com	18 %
Battery	10 %
Maschine – Native Instruments	9 %
Vengeance-Sounds	8 %
Groove Agent 5	8 %
Ghosthack	8 %
Splice Sounds	5 %

Dies ist das Ergebnis einer Abstimmung in meiner Facebook-Gruppe
„Thomas Foster musicproduction (german group)"

WELCHE TOOLS, LIBRARIES ODER PLUGINS NUTZT DU FÜR PERCUSSION?
STEFFEN HARNING: „Ich benutze hierfür immer noch sehr gerne den Spectrasonic Stylus Rmx, für den ich auch noch viele 3rd–Party-Soundbibliotheken habe. Da ich mit Logic arbeite, kann ich aber auch die Factory Library empfehlen. Hier hat sich Apple sehr viel Mühe gegeben, und die meisten Sounds, speziell die Drums, klingen absolut top. In den meisten Produktionen läuft auf irgendeinem Track ein Ultrabeat, und ich empfehle auch mal die Snares und Kicks von der Factory Library anzutesten."
WALTER MAIR: „NI Battery, NI Maschine Expansions, Output Arcade. Für percussivere Soundtracks sämtliche Produkte von Orchestral Tools (Metropolis Ark, Junkie XL, etc.) Spitfire (Hans Zimmer Percussion, Hammers, etc.) sowie auch Cinesamples Cine Perc und Audio Ollie LA Modern Percussion."
CHRISTIAN HAMM: „Hauptsächlich den Spectrasonics Stylus. Auch hier habe ich mittlerweile eine große Bibliothek mit eigenen Sounds und Loops."

LET IT SWING – DER SHUFFLE

In vielen Musikstilen spielt der Swing, bzw. Shuffle, eine wichtige Rolle. Es gibt einen Sechzehntel-Shuffle und einen Achtel-Shuffle. Aber was genau bedeutet das?

Analysieren wir zunächst einmal den Achtel-Shuffle: Bei dem wird jede zweite Achtelnote nach rechts geschoben.

Man spricht von einem „leichten Shuffle", wenn man jede zweite Achtelnote nur etwas nach rechts schiebt, und von einem „starken Shuffle", wenn man sie stark nach rechts schiebt.

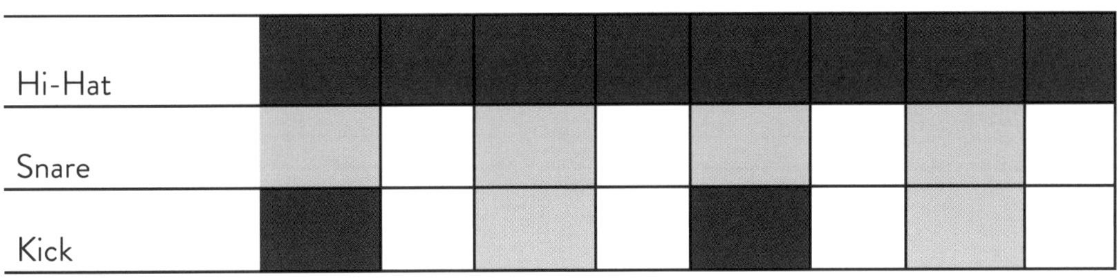

Beispiel 15: Achtel-Shuffle bedeutet: Jede zweite Achtelnote wird nach rechts verschoben

Nun ist es auch nicht schwierig zu verstehen, was ein Sechzehntel-Shuffle ist. Jede zweite Sechzehntelnote wird nach rechts geschoben:

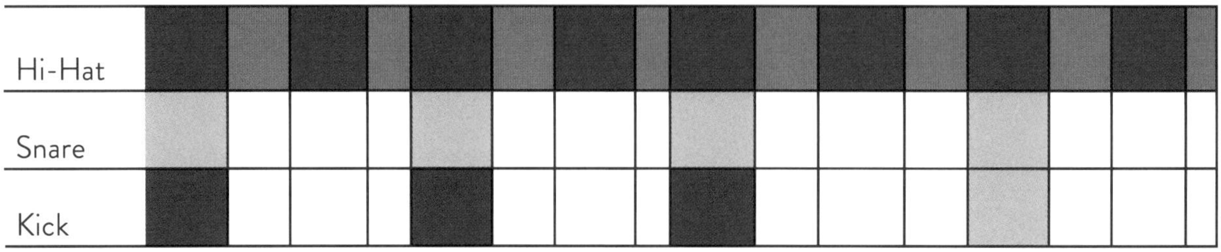

Beispiel 16: Sechzehntel-Shuffle bedeutet: Jede zweite Sechzehntelnote wird nach rechts verschoben

Bei jeder DAW (Musikprogramm) funktioniert das mit dem Shuffle (manchmal auch als Swing bezeichnet) etwas anders. In *Logic Pro* gibt es bei der Quantisierung Großbuchstaben als Bezeichnung für die Shuffle-Stärke. „16B“ ist ein eher dezenter Shuffle (die Noten werden also nur sehr leicht nach rechts geschoben), „16E“ ist ein sehr starker Shuffle.

Bei *Cubase* wird der Swing in Prozent angegeben. „0% Swing“ bedeutet ohne Shuffle und „90% Swing“ ist ein sehr starker Shuffle.

Ableton Live hat sich viel Mühe gegeben, diese Funktion so umfangreich und vielfältig in den Möglichkeiten zu programmieren, dass sich fast niemand damit auskennt: Man klickt auf „Groove hot-swappen“, um die „Swing and Groove“-Library zu öffnen. Dort findet man viele Grooves, die man für die Quantisierung verwenden kann. So findet man zum Beispiel die Quantisierungen von Logic, bei denen der Shuffle mit Buchtaben von „A“ bis „F” bezeichnet wird.

Darf man in einem Song unterschiedliche Shuffle-Rhythmen verwenden?

Aber wie so oft in der Musik sind Regeln nur da, um sie zu brechen. Viele DJs haben Welthits produziert, bei denen sie verschiedene Beats und Loops mit unterschiedlichen Shuffles zusammengeschoben haben, und das Endergebnis klingt trotzdem gut.

Ich versuche immer alle Instrumente im selben Shuffle spielen zu lassen. Aber wie ihr wisst, ist in der Musik alles erlaubt, was gut klingt.

Mir gefällt der Ansatz von Bitwig Studio, bei dem der Shuffle einmal zentral pro Song eingestellt wird und daher alle Instrumente auf den selben Shuffle eingestellt werden, sehr gut. Das bringt vor allem einen großen Vorteil: Man kann, wenn der Song fertig ist, mit einem Regler die Intensität des Shuffles ändern, um sich noch einmal den Song mit mehr oder weniger Shuffle anhören zu können.

Shuffle kommt aus der Jazzmusik und wir finden ihn heute in Hip Hop, House- und Soul-Musik. Eher untypisch ist Shuffle bei Rockmusik oder Techno. Aber auch hier gilt: Regeln in der Musik sind da, um sie zu brechen!

Nach dem ich dieses Kapitel geschrieben habe, habe ich in meiner Facebook-Gruppe „Thomas Foster musicproduction (german group)“ diesen Satz geschrieben. Nach wenigen Minuten schrieb ein Abonnent von mir in die Gruppe: „Man muss die Regeln kennen, um sie brechen zu können!“ – Wie wahr!

DER MIX MACHT'S

Die besten Ergebnisse erziele ich meistens, indem ich alle hier erwähnten Techniken, Beats zu erzeugen, mische. Lasst uns doch einmal gemeinsam einen Beat bauen, in dem wir alle Möglichkeiten nutzen:

Als Erstes starten wir einmal mit der Basis: der Bassdrum! Wir nutzen hierfür mein Lieblings-Drum-Plugin: *Kick 2*. Das Fundament in *Kick 2* ist ein Sinuston-Generator, bei dem der Sinuston so schnell von oben nach unten fährt, dass daraus eine Kick entsteht. Der Sinuston bleibt kurz bei G1 (48 Hz) stehen, was zufällig die Tonlage unseres Songs ist.

Dass die Bassdrum auf die Tonlage des Songs abgestimmt wird, ist nicht zwingend notwendig, kann aber manchmal gut klingen. Weiters laden wir uns ein paar Bassdrums in einen Sampler, legen auf diesen einen Hochpass-Filter, der die Bässe bei etwa 250 Hz weg filtert. Wir hören uns alle Samples in Kombination mit dem fetten Bass der *Kick 2* an, um die beste Wahl zu treffen.

Nun kümmern wir uns um die Snare und die Claps. Wir gehen auf *mugent.com* (oder eine andere Sampling-Page) und beschränken die Suche zunächst auf Snare und dann auf Clap. Wir versuchen die Suche auf verschiedene Genres zu beschränken: House, Electro House, Pop und andere. Etwa fünf Snares und drei Claps sind in unserer engeren Wahl. Diese laden wir in den Sampler. Nun testen wir, welche Samples uns am besten in Kombination mit der Kick gefallen.

Nachdem wir an einem Four-To-The-Floor-Beat arbeiten, haben wir die Bassdrum auf der Eins, Zwei, Drei und Vier eingespielt. Die Snare- und Clap-Kombinationen spielen wir auf der Zwei und Vier ein. Nach einigen Versuchen entscheiden wir uns für eine Kombination aus einer etwas tieferen und fetteren Snare, eine etwas höhere und einen Clap, der nicht zu elektronisch klingt, sondern eher wie sechs Chorsänger, die gleichzeitig in die Hände klatschen.

Ich teste auf den Snare- und Clap-Samples einen kurzen Hall (Reverb), merke aber schnell, dass die Samples ohne Effekt, also trocken, knackiger und spannender klingen.

Um eine Hi-Hat zu finden, laden wir die „Main Drums". Das ist ein Sound, bei dem auf fast jeder Keyboard-Taste ein Sample liegt und den ich einmal für meine tägliche Arbeit zusammen gestellt habe. Dort entscheiden wir uns für eine „open Hi-Hat", also eine geöffnete Hi-Hat, drehen aber im Sampler die „Sustain" auf Null und die „Decay-Zeit" sehr kurz. Attack, Decay, Sustain und Release, kurz „ADSR", oder auch „Envelope" genannt, nutzt man, um den Lautstärken-Verlauf des Samples (oder auch eines Synthesizers) zu steuern. Durch eine kurze Decay-Zeit klingt unsere „open Hi-Hat" fast so kurz, wie eine „closed Hi-Hat". Aber eben doch etwas anders und dadurch sehr cool. Die Hi-Hat spiele ich immer genau eine Achtelnote nach der Bassdrum, also auf die sogenannten Off-Beats.

Diese Off-Beats der Hi-Hat haben die volle „Velocity" (Anschlaggeschwindigkeit) und damit die volle Lautstärke. In unserer Pianorolle, in der wir das Raster auf Sechzehntel gestellt haben, experimentieren wir mit weiteren Hi-Hat-Schlägen, die wir ganz leise, also mit wenig Velocity, auf verschiedenen Sechzehntel-Positionen platzieren, um den Groove interessanter zu gestalten.

Genau jetzt, wo die ersten Sechzehntel zu hören sind, ist der richtige Zeitpunkt, sich Gedanken darüber zu machen, ob man einen Shuffle möchte, und wenn ja, wie stark dieser sein soll. Nach einigem Experimentieren entscheiden wir uns für „16C", also ein leichter Shuffle, der in etwa „40 % Swing" entspricht.

Nun brauchen wir einen Shaker, der in Sechzehntelnoten spielt. Hierfür nutzen wir ein uraltes Plugin der Firma *Spectrasonics*, den *Stylus RMX*. Hier gibt es Shaker-Loops, bei denen man ein MIDI-File ganz einfach aus dem Plugin in die Timeline ziehen kann. Wir wählen auch „16C" als Quantisierung, um denselben Shuffle zu haben, und legen einen leichten Hall auf den Shaker, um hinter den trockenen Drums mehr Tiefe und etwas Atmosphäre zu generieren.

Auf *mugent.com* finden wir einen Conga-Loop der uns gefällt, da er nicht zu viele Schläge hat, sondern sehr reduziert ist. Mit der Time-Stretching-Funktion bringen wir ihn auf das richtige Tempo. Das Resultat überzeugt uns leider nicht, deshalb machen wir einen Schnitt zu Beginn eines jeden Schlages des Loops und experimentieren mit der Position der Conga-Schläge. Nach einiger Zeit denken wir, die perfekte Position gefunden zu haben, schieben die erste Conga, die genau ein Sechzehntel vor der Drei liegt, etwas nach rechts, damit auch sie denselben Shuffle hat wie die anderen Elemente, und geben einen leichten Hall auf die Conga.

Wir hören unseren Beat sehr kritisch an und beschließen: „Da ist noch Luft drin, da geht noch was!" Also suchen wir uns auf *mugent.com* ein paar Beats, die in der selben Tempo-Range sind, in der unser Song ist, und nutzen wieder die Time-Stretching-Funktion, um sie auf das korrekte Tempo zu bringen.

Nun stört uns die Verdoppelung im Bassbereich durch die neue Bassdrum in dem hinzugefügten Beat. Wir legen einen Equalizer auf die Spur, auf der sich der Loop befindet, und filtern die tiefen Frequenzen unter 250 Hz weg.

Uns fällt auf, dass die Produktion etwas überladen klingt. Daher zerschneiden wir den neuen Beat in lauter Viertel und ziehen die Startposition aller Clips (Patterns) etwas nach rechts, sodass immer nur die hintere Hälfte eines jeden Viertels stehenbleibt. Jetzt klingt es aufgeräumt und nicht mehr überladen.

Aus der selben Motivation heraus überprüfen wir noch einmal den Equalizer und entscheiden uns, die Bässe bereits bei 500 Hz zu filtern und die hohen Frequenzen mit einem Tiefpass-Filter bei 4 KHz zu beschneiden. Dadurch rutscht der Beat etwas weiter in den Background.

Wir drehen die Lautstärke der Abhöre etwas lauter und spüren die Energie, die dieser Beat bekommt, der hoffentlich später andere Menschen zum Tanzen bewegt. Wir laden den *Vital*, einer der beliebtesten Synthesizer unserer Zeit, in eine neue MIDI-Spur, und finden dort das Preset „FM Drum Cycle". Wir spielen eine rhythmische Sequenz ein, automatisieren die Phase des zweiten Oszillators und legen jede Menge Plugins, die den Sound noch spezieller machen, auf die Spur.

An der Stelle können wir stolz auf uns sein. Was für ein cooler Beat! Wir spielen einen Bass und ein paar weitere Instrumente ein und hören uns das Ganze kritisch an. Ganz schön überladen! Wir löschen alle Drum-Elemente bis auf Kick und Snare, und merken, dass der Track so viel besser klingt.

Ich wollte euch mit diesem Beispiel ein Gefühl dafür geben, wie man an einem Beat kreativ arbeiten kann, mehrere Techniken bzw. Arbeitsmethoden mischen kann, aber immer wieder kritisch hinterfragen sollte, was dem Track wirklich hilft. Denn oft ist weniger mehr!

SOUNDEFFEKTE

Schhhhhhhhhhhhhhh – Clash

Obwohl sie nicht wirklich zu den Drums gehören, verdienen Soundeffekte doch eine besondere Beachtung in der Musikproduktion. In diesem Kapitel werden wir uns mit den faszinierenden Möglichkeiten von Soundeffekten auseinandersetzen und erfahren, wie sie unsere Tracks auf ein neues Level heben können.

Für mich gibt es zwei wirklich wichtige Kategorien:

1. DIE IMPACTS

Impact-Effekte (Impacts): Diese Soundeffekte werden oft für dramatische Akzente oder für den Start oder das Ende eines Tracks verwendet. Sie können von kurzen bis hin zu sehr langen und komplexen Klängen reichen. In der Rockmusik schlägt der Drummer zum Start des Refrains auf das Crash-Becken, in der elektronischen Musik nimmt man dafür meist einen Impact-Effekt. So einen Impact-Sound findet man in vielen Libraries, zum Beispiel kann man sich kostenlosen Impact-Sounds von der Homepage von *mugent.com* laden.

Diese Impacts sind meistens eine Mischung aus Drums (Kick, Crash, Clap), Percussion (Tamburine, Shaker) sowie Synthesizer-Rauschen, mit viel Hall und anderen Effekten. Manchmal sind sie sehr kurz und manchmal beinhalten sie ein langes Rauschen, das langsam durch einen Filter über mehrere Takte von oben nach unten fährt.

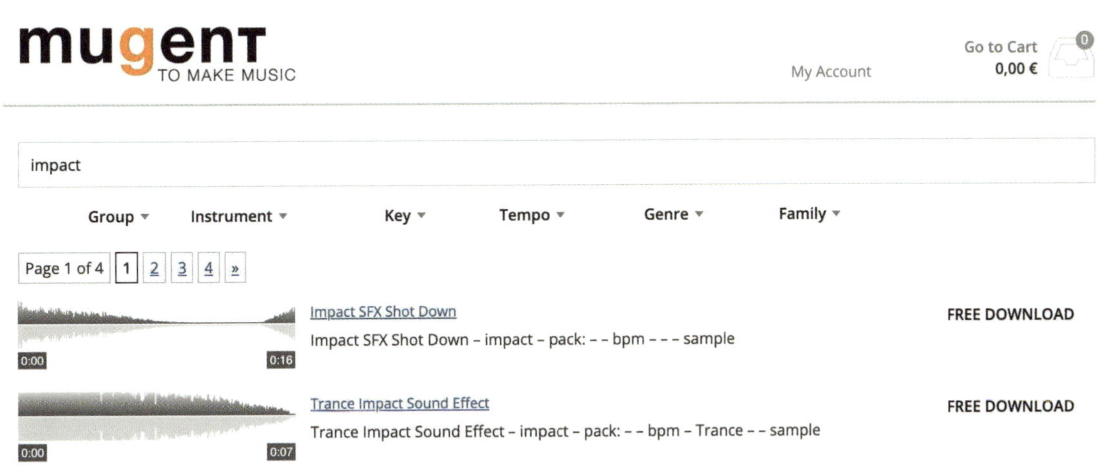

Beispiel 17: Impact Sounds der Webpage *mugent.com*

DIE SWEEPER

Sweep-Effekte (Sweeper): Diese werden häufig als Übergänge zwischen verschiedenen Teilen eines Songs oder im Aufbau verwendet. Sie können aus auf- oder absteigenden Tonhöhen bestehen, oder von einer Filter-Modulation begleitet werden. Manchmal kommen Crash-Becken zum Einsatz, die Rückwärts abgespielt werden, machmal wird ein weißes Rauschen verwendet, mit einem Bandpass-Filter, der langsam von unten (etwa 200 Hz) nach oben (etwa 10 KHz) fährt.

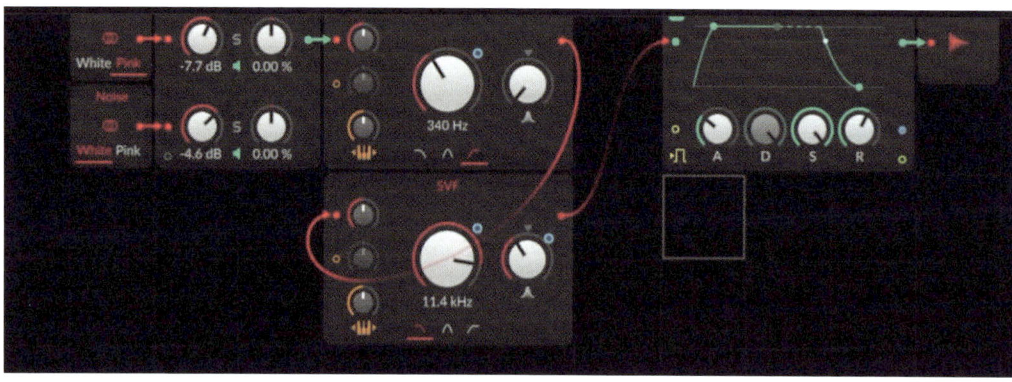

Beispiel 18: Sweeper in Bitwig Studio

Neben diesen sehr wichtigen Kategorien der Soundeffekte gibt es natürlich noch weitere:

- White Noise / Rausch-Effekte: Diese können für atmosphärische Klangeffekte oder für perkussive Elemente verwendet werden.
- Perkussive Soundeffekte: Diese umfassen Klänge wie Trommeln, Percussion und andere perkussive Instrumente. Sie können verwendet werden, um Rhythmen zu erzeugen oder um bestimmte Teile des Songs hervorzuheben.
- Naturgeräusche: Dazu gehören Klänge wie Regen, Wind, Wellen und andere Umgebungsgeräusche. Sie werden oft verwendet, um eine bestimmte Atmosphäre oder Stimmung zu erzeugen.
- Synthetische Soundeffekte: Diese können aus verschiedenen Synthesizern oder Sound-Design-Software stammen und reichen von einfachen bis sehr komplexen Klängen.

WELCHE SOUNDEFFEKTE VERWENDET IHR?	
mugent.com	18 %
Sounds meiner DAW	17 %
Mache ich selbst mit Rauschgenerator, Filter, etc	16 %
Avenger (Vengeance Sounds)	10 %
Ghosthack Samples	9 %
Nexus (reFX)	7 %
Vengeance Samplepacks	5 %
Synths wie Virus oder Serum	5 %
Splice	5 %
Air Music – The Riser	4 %
Sounds of KSHMR	2 %
Rise & Hit (Native Instruments)	1 %

Dies ist das Ergebnis einer Abstimmung in meiner Facebook-Gruppe
„Thomas Foster musicproduction (german group)"

WELCHE TOOLS, LIBRARIES, PLUG-INS ODER TECHNIKEN NUTZT IHR FÜR SOUNDEFFEKTE?
STEFFEN HARNING: „Ich habe eine fast antike Vengeance VEH–FX-Library, die noch immer bei mir im Einsatz ist. Ansonsten habe ich viel von analogen Synths gesampelt (Moog, Roland, Oberheim). Insbesondere habe ich bei allen Synths, die ich besitze, den Noise-Generator gesampelt und diese Aufnahmen verwende ich dann mit EQs, Filtern, Hall etc. direkt im Track. Auch hier ist es so, dass ein Sweep schneller selbst erstellt ist, als wenn man sich durch zahllose Libraries hören muss."
JULIUS MALDEGHEM: „Blastwave FX und andere Sounds von Splice als auch KSHMR 3"
BILLY KING: „Aus allen möglichen Quellen. Meistens Samples, weil ich schneller im Finden passender Effekte bin, als sie zu programmieren."
WALTER MAIR: „Für den fetten Blockbuster-Sound empfiehlt sich Keepforest ‚Devastator', sowie zahlreiche Produkte von Audio Imperia und String Audio."
PETER RIES: „Ich verwende verschiedene Quellen für Soundeffekte. Mehrheitlich sind es Samples aus den Vengeance Libraries. Einiges kommt auch aus der Nexus-Library, als Audio gebounced und nachbearbeitet."
KAI SOFFEL: „Dafür nutze ich Nexus (ReFX)"

„WAS IST DER LIEBLINGSSONG EINES SCHLAGZEUGERS?
– ONE MOMENT IN TIME!"

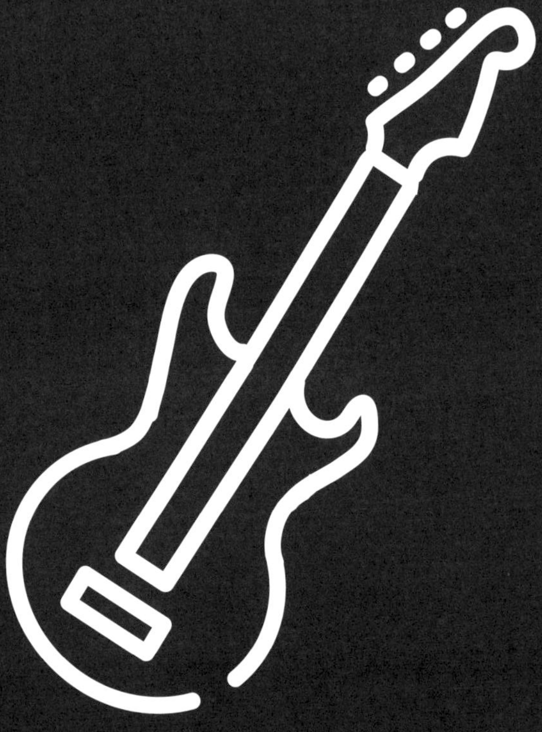

BASS

Meine erste Band gründete ich mit meiner Schwester und meinem Vater. Wir spielten in der Kirche in Eugendorf, ein kleiner Vorort der österreichischen Stadt Salzburg, Songs von den Beatles. Allerdings schrieb mein Vater neue deutsche Texte für diese Songs und so wurde aus „Oh I need your love, Babe!" „Oh Herr, du bist heilig!". Aber das war mir egal, ich saß mit meinen sieben Jahren am Schlagzeug und fühlte mich wie Ringo Star.

Nach dem Gottesdienst kam ein Junge, den ich aus der Schule kannte, zu mir ans Schlagzeug, und sagte: „Wenn ich einmal auf deinem Schlagzeug spielen darf, darfst du auf meiner Orgel spielen." Das ließ ich mir nicht zweimal sagen und schon bald trafen wir uns, um gemeinsam Musik zu machen und kurz darauf, noch als Siebenjährige, gründeten wir unsere erste Band: „The Flying Potatoes".

Schon damals verglichen wir unseren Sound mit dem unserer Vorbilder, wie zum Beispiel mit dem der Band *Queen*. Leider gab es da noch große Differenzen. Jedoch der größte Unterschied war, dass unser Sound sehr dünn war. Im fehlte etwas Tiefes, ganz unten. Etwas, das den Gesamtsound so richtig breit und voll macht. Uns fehlte „der Bass"!

DIE QUAL DER WAHL

Prinzipiell würde ich den Bass in zwei Kategorien einteilen:

1. **echte Bässe**

2. **synthetische Bässe**

Der älteste Bass, der heute noch gerne zum Einsatz kommt, ist der Kontrabass (englisch double bass). Das ist die große, am Boden stehende Geige.

Dieser kann mit den Fingern gezupft oder mit einem Bogen gestrichen werden. Gezupft hören wir ihn in vielen Jazz-Tracks. Aber auch in aktuellen Chill-Out-Tracks nutzt man gerne den gezupften oder „picked" Bass. Gestrichen finden wir ihn vor allem in den meisten Soundtracks, in denen ein Orchester spielt.

Viel häufiger hört man den elektrischen Bass, kurz „E-Bass". Dieser hat meist vier Saiten, es gibt aber auch eine fünfsaitige Variante. Gespielt wird er mit den Fingern, manchmal aber auch mit einem Plektrum. Dies ergibt einen helleren Sound.

Und dann kann man den Bass auch „slappen". Das ist eine spezielle Technik, bei der man mit dem Daumen auf die tiefen Saiten schlägt und an den hohen reist. Diese Technik hört man oft im Funk.

In den 80er-Jahren war der „Fretless-Bass" speziell in Balladen sehr beliebt. „Fretless" heißt Bundlos, denn dieses Instrument hat tatsächlich keine Bunde. Als Bunde bezeichnet man die metallenen vertikalen Streifen am Griffbrett, durch die man automatisch den Ton in der perfekten Tonhöhe spielt. Wenn man nun eine Saite mit der rechten Hand zupft und mit der linken am Griffbrett von ganz unten nach ganz oben rutscht, kommt ein deutlich anderer Klang zustande als beim normalen Bass. Denn beim normalen Bass bleibt die Tonhöhe bei jedem Ton kurz stehen und springt dann zum nächsten Halbton.

Beim Fretless-Bass bleibt der Ton nirgends stehen, sondern rutscht stufenlos nach oben. Dadurch ist dieses Instrument auch sehr schwer zu spielen, so ähnlich wie auch der Kontrabass. In der Praxis habe ich die letzten Jahre so gut wie nie einen Fretless-Bass in einem aktuellen Song gehört. Das scheint ein bisschen aus der Mode gekommen zu sein.

Auch eher selten hört man einen akustischen Bass. Funktioniert genauso wie der E-Bass, braucht aber keinen Strom, sondern hat einen eigenen Klangkörper. Ein, wie ich finde, sehr schönes Instrument, das aber eher in Unplugged Music und Chill-Out-Tracks zu hören ist.

Und dann gibt es die synthetischen Bässe. Diese werden meistens mit einem Synthesizer erzeugt, wobei es keine Rolle spielt, ob dafür ein analoger Synthesizer oder ein Software-Synthesizer, zum Beispiel ein Plugin, verwendet wird.

In den 80er-Jahren hatten die Synthesizer-Bässe meist viele Höhen. Hierfür wurde gerne ein Sägezahn-Oszillator verwendet, also ein Oszillator mit extrem vielen Obertönen.

In aktuellen Produktionen werden sehr oft Sounds verwendet, die sehr tief sind, aber sehr wenige Obertöne verwenden. Immer wieder kommen auch neue Stile auf, bei denen der Bass aggressive Obertöne hat, der aber dann meistens eher kurz gespielt wird, wie zum Beispiel beim Slap-House-Bass.

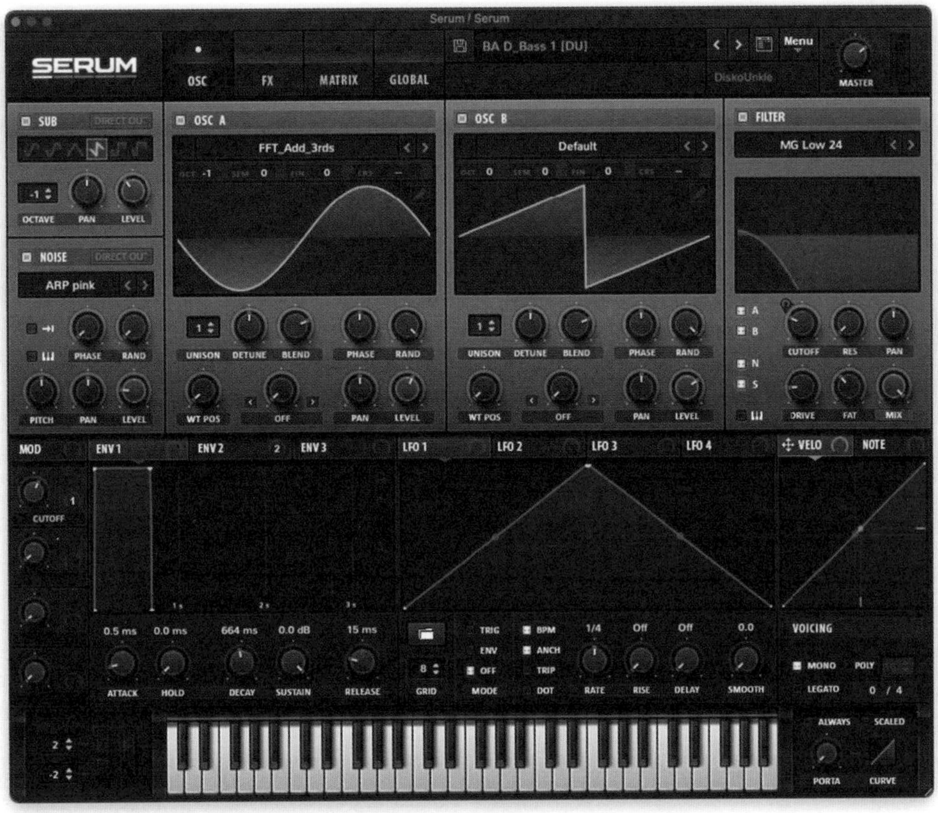

Beispiel 19: Synthesizer-Bass des Plugins „Serum"

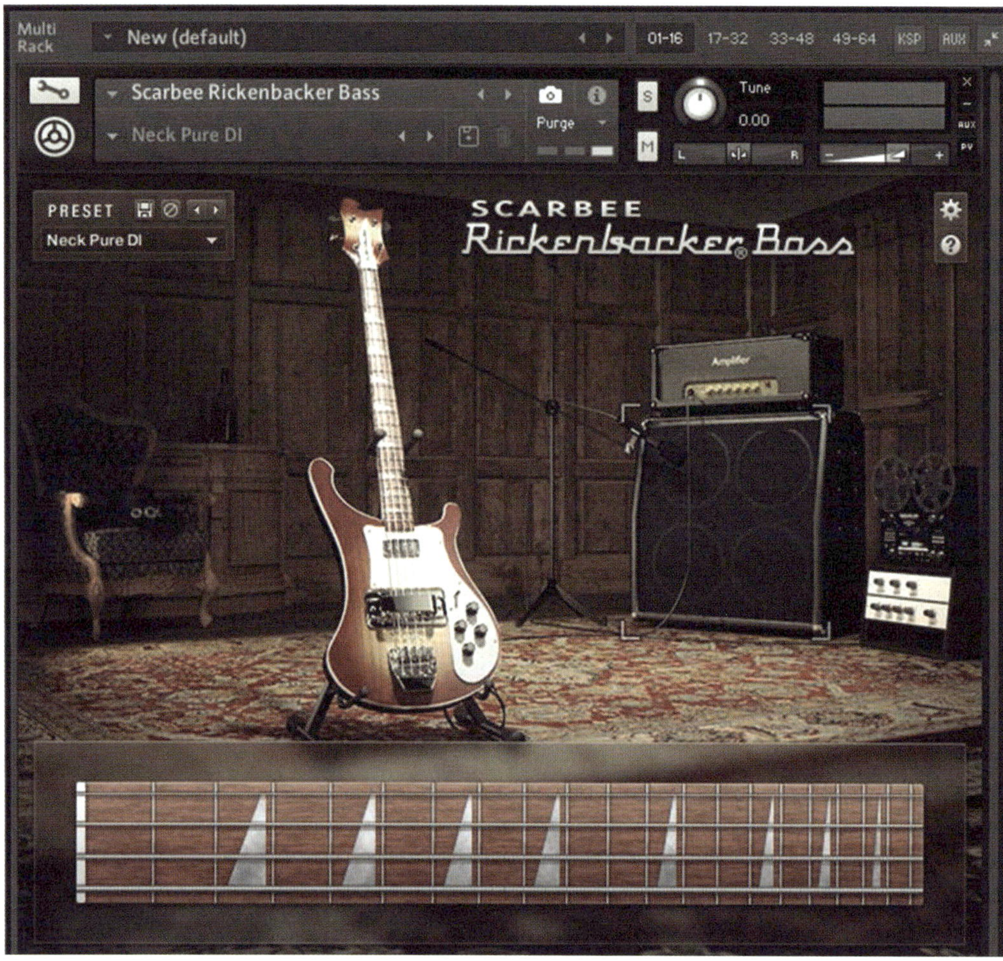

Beispiel 20: Electro-Bass des Kontakt-Instruments: Scarbee Rickenbacker Bass

WELCHE TOOLS, LIBRARIES, PLUG-INS ODER TECHNIKEN NUTZT IHR FÜR ECHTEN BASS?

STEFFEN HARNING: „Spectrasonics Trilian ist noch immer ein klasse Plugin, sonst greife ich gerne auf die zahlreichen Bass-Libraries von Native Instruments Kontakt zurück."

CHRISTIAN HAMM: „Ich bin von Haus aus Gitarrist und spiele Live-Bässe immer selber ein. Für Amp-Simulationen und Bearbeitung des DI-Signals benutze ich STL Tonality, Klevgrand Knorr, Audio Assault BassGrinder oder Plugins von Soundtoys wie Decapitator oder Radiator."

PETER RIES: „Nichts geht über einen eingespielten Bass, wenn es Live sein soll – dennoch setze ich seit Jahren gerne das PlugIn Trilian von Spectrasonics ein. Mit etwas Nachbearbeitung und guter Einstelltechnik an den Tasten bekommt man schon ein ordentliches Ergebnis."

BILLY KING: „Meistens echten Bass. Darauf gerne UA LA-2A oder Abbey Road-Plugins. Sonst auch gerne die Waves CLA-Plugs. Unechten Bass sonst von Scarbee über Kontakt Player. Dort gerne den Rickenbacker. Ich liebe als McCartney-Fan einfach den Sound und den Attack."

WALTER MAIR: „Aufnahme eines echten Basses oder Trillian, der mit etwas Programmieraufwand schon sehr real klingt. Gerade wenn man das Signal dann noch durch virtuelle Bass–Amps laufen lässt. Von NI Guitar Rig zu Sound Toys Decapitator."

JULIUS MALDEGHEM: „Einer der realistischsten E-Bässe ist meiner Meinung nach der Rickenbacker Bass von Native Instruments. Das Plugin klingt schonmal großartig RAW und hat auch noch tolle Presets. Außerdem ist Trillian meiner Meinung nach sehr gut auch für akustische Bässe."

HANS-MARTIN BUFF: „Die meisten echten Bässe werden nur per DI aufgenommen. Ich kopiere oft diese DI-Spur mehrere Male und betreibe mit jeder dieser Kopien wildes Sounddesign: Mal verzerre ich eine Spur mit einem Amp-Plugin (meist Waves Gtr oder Scuffham S-Gear), mal schaffe ich mit einem Hi-Cut EQ und Waves LoAir eine Sub-Spur und so weiter. Danach mische ich diese Spuren, bis mir der Bass-Sound gefällt. Das Resultat ist immer ein originellerer Bass-Sound als das cleane DI-Original."

KAI SOFFEL: „Bass nehme ich immer mit echten Musikern auf und nutze dafür die Urei 1176 Blue Channel Hardware."

WELCHE TOOLS, LIBRARIES, PLUG-INS ODER TECHNIKEN NUTZT IHR FÜR SYNTHESIZER-BÄSSE?
BILLY KING: „Arturia Minimoog oder Spectrasonics Omnisphere. Da braucht man meistens eigentlich nur noch etwas Kompressor. Je nach Programmmaterial bzw. Gerne auch hier UA LA-2A, 1176 oder Logics VCA-Plugin."
JULIUS MALDEGHEM: „Für Synthesizer komme ich gerne auf Serum zurück. Oft arbeite ich von Grund an weg und baue mir die Synthesizer hier oder nutze Presets, die ich über die letzten Jahre zusammen gekauft habe. Da gibt es tolle Beispiele zum Beispiel von Cymatics oder Big Z. Für Emulationen von Analogen Synthesizer nutze ich gerne Analog Lab von Arturia."
PETER RIES: „Eines meiner Lieblings-Plugins für aktuelle Synthie-Bässe ist der Sylenth 1 von Lennar Digital. Aber auch der Spectrasonics Omnisphere bietet gute klassische Synthbässe der alten „Dinosaurier" wie ARP 2600, MiniMoog etc."
CHRISTIAN HAMM: „Viele verschiedene; fündig werde ich immer im Spectrasonics Trilian. Den mache ich an und er klingt immer super."
STEFFEN HARNING: „Da habe ich immer unterschiedliche Favoriten. Mal ist es z.B. der ES1 in Logic, dann der NI Massive und ganz aktuell habe ich den LennarDigital Sylenth1 wieder für mich neu entdeckt. Ich bin kein großer Fan der Bässe aus dem Slap-House-Genre, hierfür würde ich wahrscheinlich den Spire verwenden."
WALTER MAIR: „Für tiefe 808-Bass-Sounds, Future Audio Workshop Sub Lab XL oder Initial Audio 808 Studio. Sämtliche Produkte von U-He, die unglaublich detailliert programmiert werden können. Allen voran Zebra 2, Diva und Repro. Serum, Sylenth sowie Phase Plant verwende ich auch gerne. Mit den Roland Juno 60 und Jupiter 8 Emulationen TAL U-no und TAL J-8 habe ich gerade besonders viel Spaß."
ROBERT RETTBERG: „Arturia Mini V3, XILS-Lab 3, 4, Spectrasonics, Logic"

WELCHE PLUGINS VERWENDET IHR FÜR SYNTHESIZER-BÄSSE?	
SERUM (Xfer Records)	27 %
Nexus (reFX)	15 %
Massive (Native Instruments)	14 %
Avenger (Vengeance sounds)	13 %
Omnisphere (Spectrasonics)	9 %
U-He (Diva)	8 %
Pigment 3	6 %
V Collection 8 (Arturia)	5 %
Silenth 1	5 %
Dies ist das Ergebnis einer Abstimmung in meiner Facebook-Gruppe **„Thomas Foster musicproduction (german group)"**	

WELCHE PLUGINS VERWENDET IHR FÜR ELEKTRISCHE BÄSSE?	
Die Stock- Plugins meiner DAW	33 %
Scarbee Rickenbacker Bass (Native Instruments)	26 %
Trilian (Spectrasonics)	11 %
Ample Bass (Ample Sounds)	9 %
VPS Avenger	9 %
MODO Bass 2 (IK Multimedia)	6 %
EZ Bass	6 %
Dies ist das Ergebnis einer Abstimmung in meiner Facebook-Gruppe **„Thomas Foster musicproduction (german group)"**	

KEINER MACHT'S TIEFER

Der elektrische Bass hat meistens vier Saiten:

E (41,2 Hz), A (55 Hz), D (73,4 Hz) und G (98 Hz)

Die selben Saiten, nur etwas höher, findet man an der Gitarre: E, A, D, G, H, E (Dazu gibt es einen einfachen Merkspruch: Ein Anfänger Der Gitarre Hat Eifer!)

Die tiefste Saite beim normalen Bass ist das „E". Der fünfsaitige Bass hat noch eine tiefere Saite, nämlich das „C". Und sehr ähnlich verhält sich das bei synthetischen Bässen. Meistens ist das „E" der tiefste Ton, der schön klingt, aber theoretisch kann man auch bis zum C runtergehen.

Der wichtige Frequenzbereich des Basses ist von 30 Hz bis etwa 200 Hz. Wobei die 30 Hz sehr theoretisch sind, da das schon sehr tief ist. Das gilt also eher für einen Club-Track. Die tiefste Frequenz, die ein günstiger Lautsprecher wie beispielsweise der in Alexa wiedergeben kann, startet eher bei 100 Hz.

In jedem Fall sollte der Bassbereich (30 Hz bis 200 Hz) fast ausschließlich für den Bass und die Kick (Bassdrum) freigehalten werden. Sehr oft lege ich einen Hochpassfilter auf Instrumente, die dem Bass in die Quere kommen könnten, und filtere diese Frequenzen, also alles unter 200 Hz, weg. Der Bass hat einfach mehr Druck, wenn ihm keiner in die Quere kommt.

TIMING IST KEINE STADT IN CHINA

Sehr oft sagt jemand zu mir: „Hör mal, wie diese Drums ‚grooven.'", und ich denke mir dann: „Einfacher kann ein Schlagzeug nicht programmiert sein." Das, was den Track zum „Grooven" bringt, ist der Bass. Der hat eine kreativere Rhythmik, während die Drums extrem simpel gehalten sind.

In diesem Kapitel werde ich versuchen, dir einen Überblick bzw. ein Verständnis dafür zu geben, was einen Bass rhythmisch machen kann. Ziel dieses Kapitels ist, nicht jede denkbare Spielart aufzuzeigen, sondern eher ein Gefühlt dafür zu geben, was möglich bzw. üblich ist.

Die einfachste Spielart, die in den letzten Jahren mehr denn je in der Popmusik, aber auch in vielen anderen Stilen zu finden ist, ist einen Ton pro Takt bzw. Akkord zu spielen. Bei dieser Technik ist der Bass von vielen Zuhörern gar nicht wahrzunehmen. Er bildet das Fundament und lässt den ganzen Track dadurch voll, breit, aber auch warm klingen. Ein gutes Beispiel hierfür ist „When I'm Gone" *von Alesso & Katy Perry*.

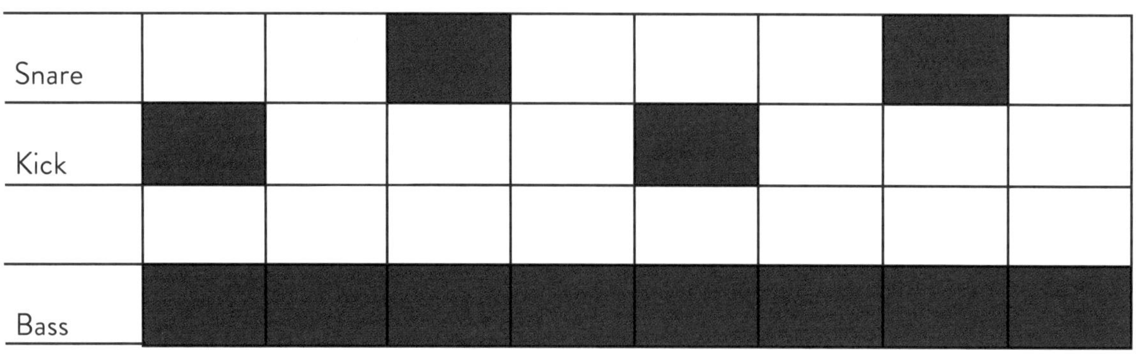

Beispiel 21: Die Kick spielt auf der Eins und der Drei, die Snare spielt auf der Zwei und der Vier. Der Bass wird nur einmal zu Beginn des Taktes angeschlagen und bleibt dann den ganzen Takt lang auf dem Grundton des jeweiligen Akkordes liegen.

Die Spielart, die man in den letzten siebzig Jahren wahrscheinlich am meisten hörte, ist die, bei der der Bass in Achtelnoten gespielt wird. Ganz viele Rocksongs verwenden diese. Ob das bei einem Rockklassiker wie „It's My Live“ *von Bon Jovi* ist, ob das in einem *Avril-Lavigne*-Song aus den 2000ern wie „Sk8er Boi“ ist, oder bei einem aktuellem Rock-Brett wie „Paradise Lost“ *von The Used* ist.

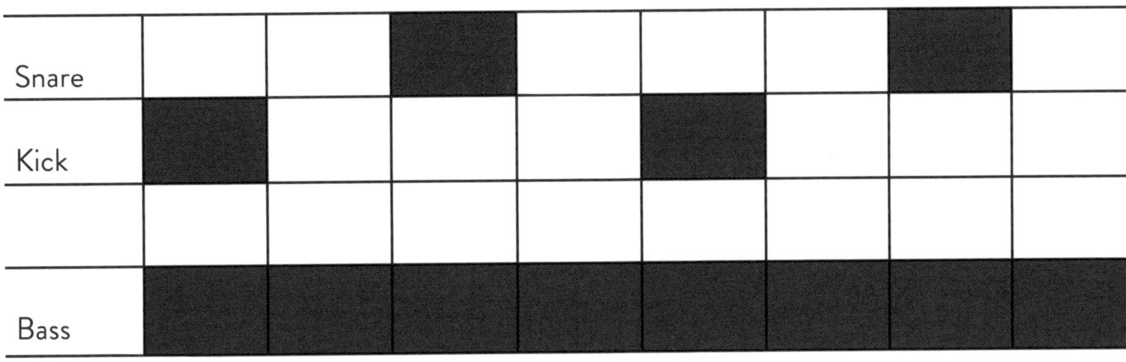

Beispiel 22: Die Kick spielt auf der Eins und Drei, die Snare spielt auf der Zwei und Vier, und der Bass spielt in Achteln auf dem jeweiligen Grundton des aktuellen Akkordes.

Aber auch in der Popmusik ist diese Spielart sehr häufig und zwar so wohl in den 80ern wie bei „Every Breath You Take” von *Police* oder bei einem aktuellen Song wie „Bad Habits” von *Ed Sheeran*.

Natürlich gibt es auch Songs, bei denen der Bass in halben Noten, Viertelnoten, oder Sechzehntelnoten gespielt wird. Da dies aber eher selten der Fall ist, werde ich hier keine Beispiele anführen.

Sehr oft hört man eine Variante, bei der der Bass die exakte Rhythmik der Kick (Bassdrum) übernimmt.

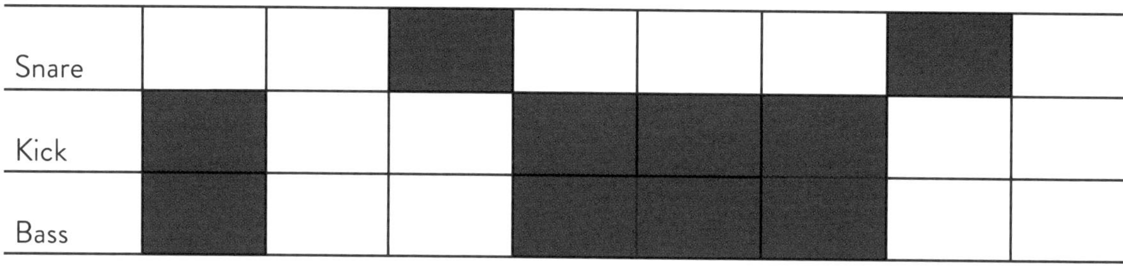

Beispiel 23: Die Kick spielt zusammen mit dem Bass auf der Eins, auf der Drei und je ein Achtel vor und nach der Drei.

Hierfür findet man viele Beispiele in der Pop-Musik. Sowohl in den 80ern wie zum Beispiel „Take on Me" *von a-ha* als auch bei aktuellen Produktionen wie zum Beispiel „Hold On" *von "Justin Bieber"*.

Und dann gibt es sowohl in der Pop-Musik als auch in der Clubmusik ganz viele Beispiele, bei der Kick und Snare einen meist einfachen Grundbeat spielen, zum Beispiel einen „Four to the floor"-Beat, und der Bass dazwischen, eine kreative Rhythmik spielt.

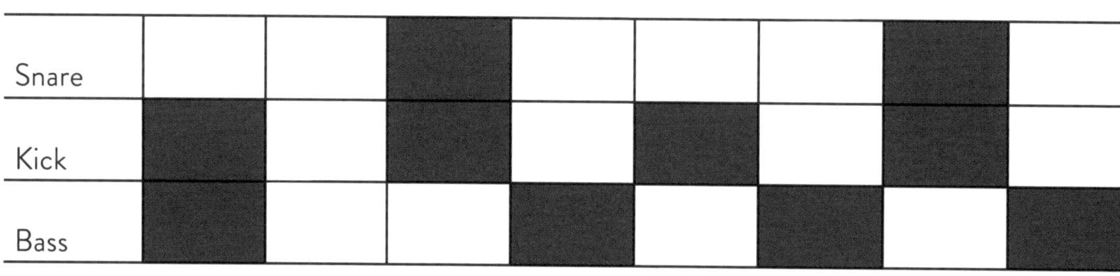

Beispiel 24: Die Drums spielen einen simplen „Four to the floor"-Beat und der Bass spielt teilweise auf der Kick und teilweise zwischen den Kick-Schlägen.

So auch zu hören bei älteren Club Tracks wie „Lola's Theme“ *von The Sapeshifters* oder bei vielen aktuellen Produktionen, wie zum Beispiel „Dynamite“ *von BTS*. Jedoch gibt es hier einige Beispiele, bei denen der Bass in simplen Achtelnoten, aber vor allem auch viele, bei denen der Bass interessante Sechzehntelnoten spielt.

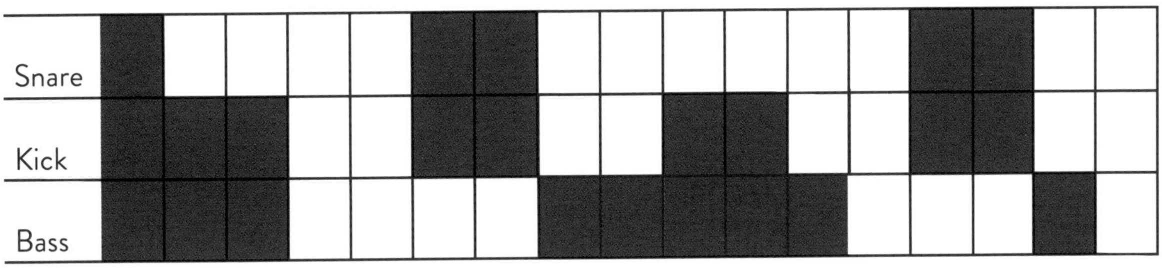

Beispiel 25: Die Drums spielen einen simplen „Four to the floor"-Beat und der Bass spielt teilweise auf der Kick und teilweise zwischen den Kick-Schlägen in interessanten Sechzehntelnoten.

Um für so eine Spielart eine gute Rhythmik zu finden, empfehle ich folgende Vorgehensweise:Der Grundbeat, oder zumindest Kick und Snare, sollte bereits vorhanden sein. Dann geht man auf die Bassspur, kreiert einen Clip (Pattern) über einen Takt und lässt diesen im Loop, also in der Dauerschleife, laufen. Man platziert eine Achtelnote auf dem Grundton der ersten Harmonie. An der Stelle sollte man darauf achten, dass das Grid auf Sechzehntel eingestellt ist. Das Grid gibt es in jedem Musikprogramm. (Es ist ein Raster, das gewährleistet, dass die Noten an bestimmten stellen einrasten. Bei einem Sechszehntel-Grid rasten die Noten also nur auf Sechzehntelnoten ein.) Bei den meisten Programmen kann man eine Note aktivieren und mit den Links-/Rechts-Pfeilen um den im Grid eingestellten Wert, also zum Beispiel eine Sechzehntelnote, verschieben.

Dann nutzt man das Kommando „Duplizieren“, um eine neue Note zu erzeugen. Wieder nutzt man die Links-/Rechts-Pfeile, um eine gute Position für die zweite Note zu finden. Genauso geht man auch mit der dritten und jeder weiteren Note um. Man testet jede Note so lange, bis es einem Gefällt.

Natürlich kann man auch einfach auf „Aufnahme" gehen und etwas am Keyboard spielen. Aber selbst wenn man ein großartiger Keyboarder bzw. Pianist ist, besteht die Gefahr, das zu spielen, was man immer spielt. Also Phasen oder Begleitungen, die man bereits kennt. Wenn man Noten in der Pianorolle herumschiebt, ist die Chance, etwas Neues und Kreativeres zu erzeugen, viel größer.

Die größte Neuheit zum Bass ist wahrscheinlich der 808-Bass. Dabei wird die Kick der Drummachine *TR-808* von *Roland* so lange gedreht (Release Time), dass daraus ein Basston entsteht. Diese Spielart ist bei vielen Hip Hop-Tracks zu hören, wobei bei einigen Tracks für Kick und Bass dasselbe Sample verwendet wird, während es bei anderen sehr wohl eine eigene Kick gibt, die synchron mit dem Bass spielt. So zu hören zum Beispiel bei „In A Minute" *von Lil Baby.*

ES MUSS NICHT IMMER DER GRUNDTON SEIN

Meistens spielt der Bass den Grundton des Akkordes. Es kann aber auch sehr interessant sein, dem Bass andere Töne zu geben. Ein Alternative dafür ist der Durchgangston.

Hierzu möchte ich vier Möglichkeiten aufzeigen:

DIATONISCH VON UNTEN:

Dabei wird die Note, die in der jeweiligen Tonskala einen Ton unter dem Zielton liegt, als Durchgangston gewählt. Um zum Beispiel von dem „C“ auf das „E“ zu kommen, wählen wir als Durchgangston das „D“.

DIATONISCH VON OBEN:

Dabei wird die Note, die in der jeweiligen Tonskala einen Ton über dem Zielton liegt, als Durchgangston gewählt. Um zum Beispiel von dem „C“ auf das drunter liegende „G“ zu kommen, wählen wir als Durchgangston das „A”.

CHROMATISCH VON UNTEN:

Dabei wird die Note, die einen Halbton unter dem Zielton liegt, als Durchgangston gewählt. Um zum Beispiel von dem „C“ auf das „G“ zu kommen, wählen wir als Durchgangston das „F#“.

CHROMATISCH VON OBEN:

Dabei wird die Note, die einen Halbton über dem Zielton liegt, als Durchgangston gewählt. Um von dem „C“ auf das darunter liegende „G“ zu kommen, wählen wir als Durchgangston das „G#“.

Hierzu noch ein paar Beispiele:

Wir befinden uns in A-Moll und haben in jedem Takt einen Akkord: A-Moll, C-Dur, D-Moll, F-Dur. Der Bass spielt in Achtelnoten, jedoch wählen wir für die letzte Achtel eines jeden Taktes einen Durchgangston.

- Um von A-Moll auf C-Dur zu kommen, wählen wir das „H" (auf English wäre es das „B"). Das ist der nächste Ton der Tonskala A-Moll.
- Um von C-Dur auf D-Moll zu kommen, wählen wir das „C#". Das ist der Halbton vor dem „D".
- Um von D-Moll auf F-Dur zu kommen, wählen wir das „E"
- Um von F-Dur zurück auf A-Moll zu kommen, würde ich das „G" wählen. Jedoch würde ich in das „G" eine Oktave tiefer springen, um wieder in den Grundton zu leiten. Auch das „G#" wäre hier möglich.

Es ist immer gut, ein bisschen Theorie zu verstehen. Aber entscheiden sollte man immer mit dem Ohr. Im Zweifelsfall empfiehlt es sich, beides auszuprobieren und dann zu entscheiden.

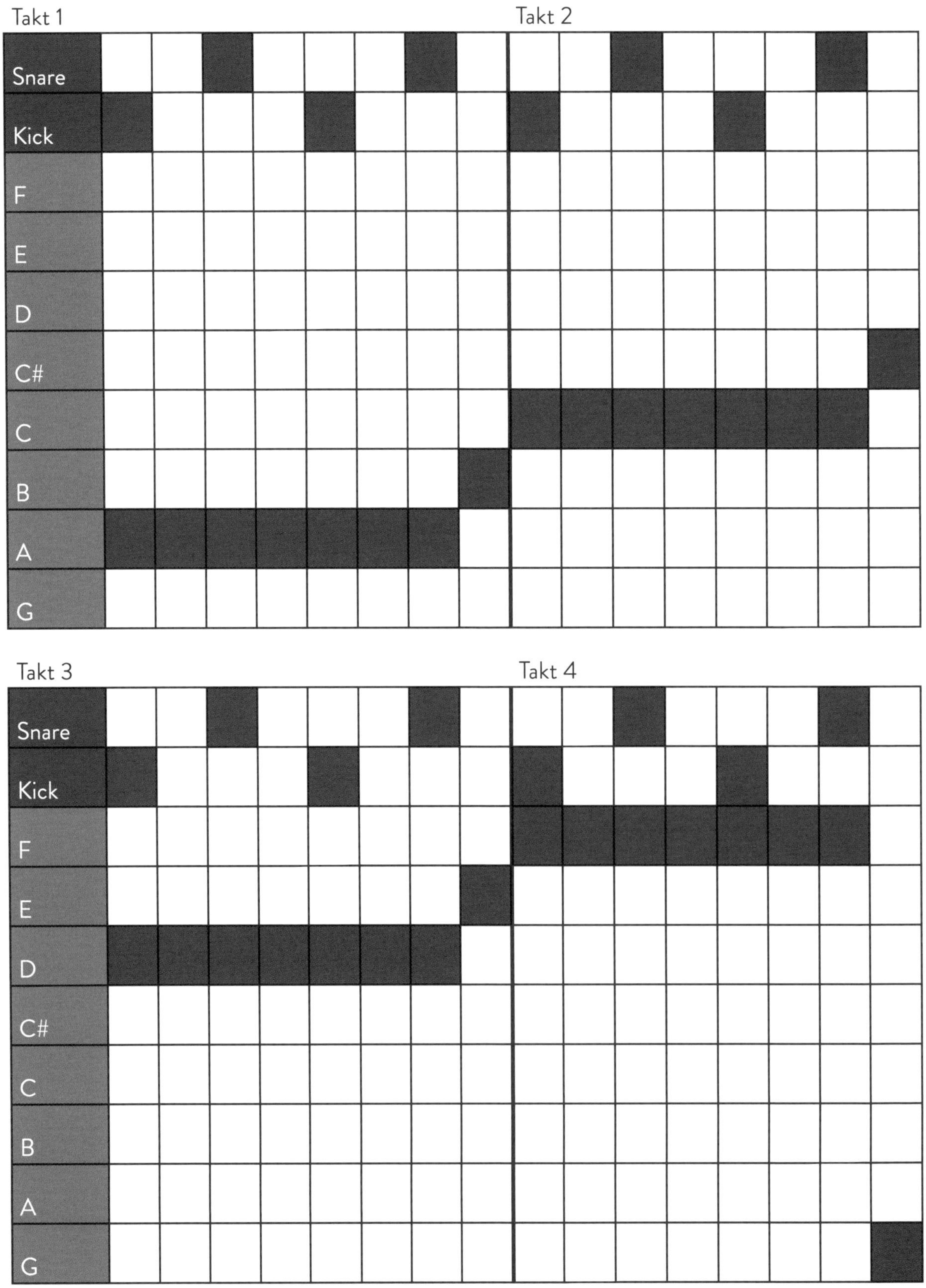
Takt 1
Takt 2
Snare
Kick
F
E
D
C#
C
B
A
G
Takt 3
Takt 4
Snare
Kick
F
E
D
C#
C
B
A
G

Beispiel 26: Auf der letzten Achtel eines jeden Taktes spielt der Bass einen Durchgangston.

Eine weitere Möglichkeit ist, für einzelne Bassnoten einen anderen Ton als den Grundton zu finden. Hierfür werden meistens die nicht so wichtigen Noten gewählt, also die, die nicht betont sind bzw. nicht am Taktanfang sitzen.

Hier eine Auflistung der Töne, die hierfür häufig genutzt werden, sortiert nach der Wichtigkeit:

- Oktave
- kleine Sept
- Quint
- Terz (kleine Terz bei Moll-Akkorden, große Terz bei Dur-Akkorden)

Hierfür einige Beispiele:

In dem Song „Free" *von Ultra Naté* spielt der Bass den Grundton (F), die Sept (Eb) aber einen Ton unter dem Grundton und ein paar Durchgangstöne.

Bei dem Song „Another Change" *von Roger Sanchez* spielt der Bass neben dem Grundton (Eb), die Quinte (Bb) aber eine Oktave tiefer, also ein Quart unter dem Grundton.

In dem Song „Hung Up" *von Madonna* spielt der Bass ein Pattern, das mit dem Grundton (D) und der Oktave spielt.

In dem Song „Lady (Hear Me Tonight)" *von Modjo* spielt der Bass ab 1:16 eine eingängige Phrase auf dem Grundton, der Quinte, der None und der Oktave.

Bei „Don't Start Now" *von Dua Lipa* spielt der Bass ein rhythmisches Pattern, das den Grundton und die Oktave als Töne verwendet.

Bei nicht vielen, aber doch einigen Songs, spielt der Bass eine kleine Melodie, eine Phrase, die meist auf dem Grundton des jeweiligen Akkordes startet und auf der jeweiligen Ton-Skala eine interessante Phrase spielt.

Hierfür ein paar Beispiele:

- *„Rapper's Delight" von The Sugarhill Gang*
- *„Billie Jean" von Michael Jackson*
- *„Around the World" von Daft Punk*

DER SUBBASS

Der Begriff Subbass bezieht sich erst einmal auf einen speziellen Frequenzbereich. Das ist der tiefste für das menschliche Ohr hörbare Bereich von 20 Hz bis 60 Hz. Dieser extrem tiefe Frequenzbereich ist nur auf großen Lautsprechern bzw. auf Lautsprechern mit einem Subwoofer zu hören.

Um diesen Frequenz Bereich zu betonen, nimmt man einen Sound mit wenigen Obertönen, wie zum Beispiel einen Sinuston, der gar keine aufweist. Bei großen Soundtracks für das Kino ist es ein guter Trick, unter die Kontrabässe noch einmal einen Sinuston zu legen, um den Bässen mehr Kraft zu verleihen.

Aber auch in vielen Club Tracks wird mit Subbässen als Hauptbass oder leise unter dem Hauptbass liegend gearbeitet. Während der Hauptbass ein rhythmisches Pattern spielt, spielt der Subbass nur langliegende Töne.

SIDECHAINING

Ein technischer Trick hat sich speziell im Bereich der elektronischen Tanzmusik über die letzten Jahre so etabliert, dass er nicht mehr wegzudenken ist: Das Kick-Sidechaining! Manche sprechen auch vom Keying- oder Ducking-Effekt.

Die Idee ist ganz einfach: Wenn Bass und Kick gleichzeitig spielen, hat man im Bassbereich einen viel höheren Pegel, als wenn nur einer der beiden gespielt würde. Um dies zu vermeiden, nutzt man einen Kompressor, der immer den Pegel des Basses kurz ausblendet, wenn die Kick spielt.

Diesen Effekt kann man sehr dezent einsetzten, sodass er fast nicht hörbar ist, aber er hilft, einen transparenteren Mix zu bekommen, oder man setzt ihn deutlich hörbar ein. So wird er zum Stilmittel.

Ein berühmtes Beispiel hierfür ist „Call On Me" von *Eric Prydz* oder auch „For You" von *The Disco Boys*, bei denen zeitweise das gesamte Playback von der Kick verdrängt bzw. leiser gemacht wird.

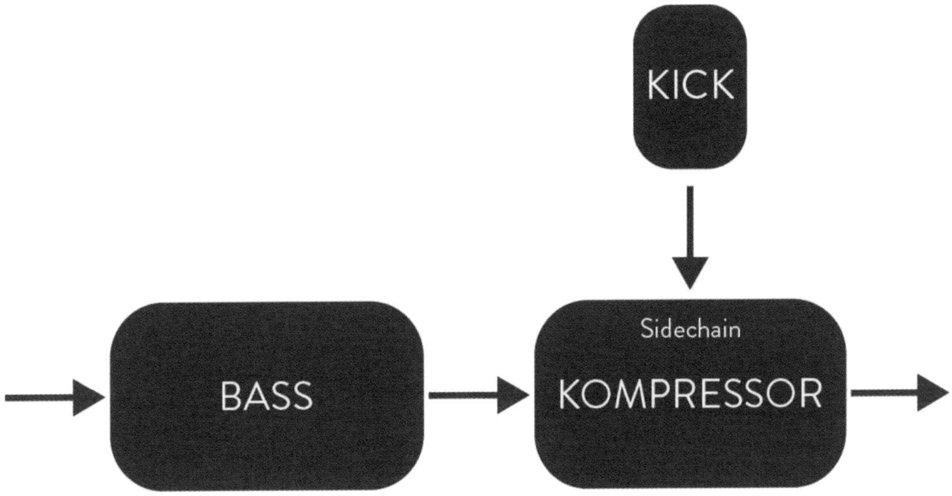

WIE FUNKTIONIERT DAS KICK-SIDECHAINING?

Im Prinzip gibt es hierfür zwei Möglichkeiten der Umsetzung:

1. Man legt auf die Bassspur einen Kompressor mit einem externen Sidechain, also ein externes Signal, das bestimmt, wann das Signal, das durch den Kompressor läuft, leiser gemacht wird. Dieses externe Signal ist natürlich die Bassdrum. Entweder kann man sie direkt anwählen oder man schickt sie auf einen Bus (Aux) und wählt diesen als Sidechain an.

2. Bei den meisten Club-Tracks ist es klar, wo die Kick spielt. Nämlich auf der Eins, der Zwei, der Drei und der Vier. Man nennt das auch „Four to the Floor"-Rhythmus. Daher gibt es mittlerweile eine Vielzahl von Plugins, die genau diese Lautstärkenbewegung auf diesen Vier Viertel haben.

Hier die wichtigsten Plugins, die diese Funktion haben:

- LFO Tool (Xfer Records)
- Kickstart 2 (Nicky Romero)
- Shaperbox 2 (Cableguys)
- Trackspacer (Waves Factory)

Für die Sidechain-Technik nutze ich in der Regel LFO Tools, während viele andere Produzenten eher Kickstart 2 bevorzugen. Im Vergleich zu einem Kompressor ermöglichen diese Plugins eine genauere Definition des Lautstärkenverlaufs. Allerdings funktionieren sie nur bei sogenannten „Four to the Floor"-Tracks und nicht, wenn die Kick-Drum eine andere Rhythmik aufweist. Neue Plugins wie *Shaperbox* versuchen, die Vorteile beider Techniken zu vereinen. Sie reagieren auf das Audiosignal der Kick-Drum und nutzen eine Lautstärkenkurve anstelle eines Kompressors, um auf die Kick-Drum zu reagieren und nicht in einfachen Viertelnoten zu „hämmern".

In der Version fünf von Bitwig Studio gibt es neue Moderatoren, sogenannte MSEGs, die es ermöglichen, den Kick-Sidechain-Effekt nicht nur mit der Lautstärke, sondern mit jeder Funktion eines Audioeffekts anzuwenden. Das bedeutet, dass man zum Beispiel einen Filter einsetzen kann, der bei der Wiedergabe der Kick-Drum nur die tiefen Frequenzen herausfiltert. Diese neuen MSEGs eröffnen Produzenten und Sound-Designern eine Vielzahl von Möglichkeiten, um ihre Sounds und Mixe dynamischer zu gestalten und den Kick-Sidechain-Effekt auf eine kreative Weise anzuwenden.

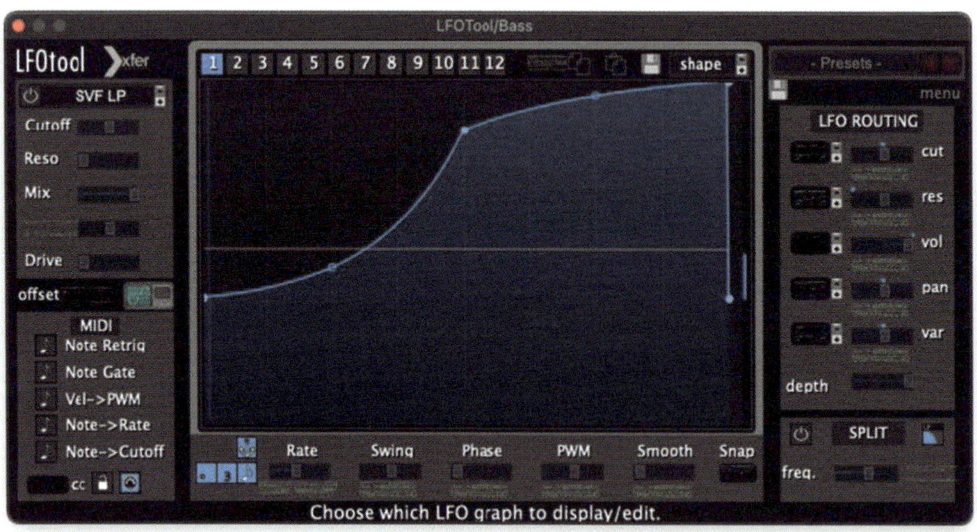

Beispiel 29: LFO Tool von Xfer Records

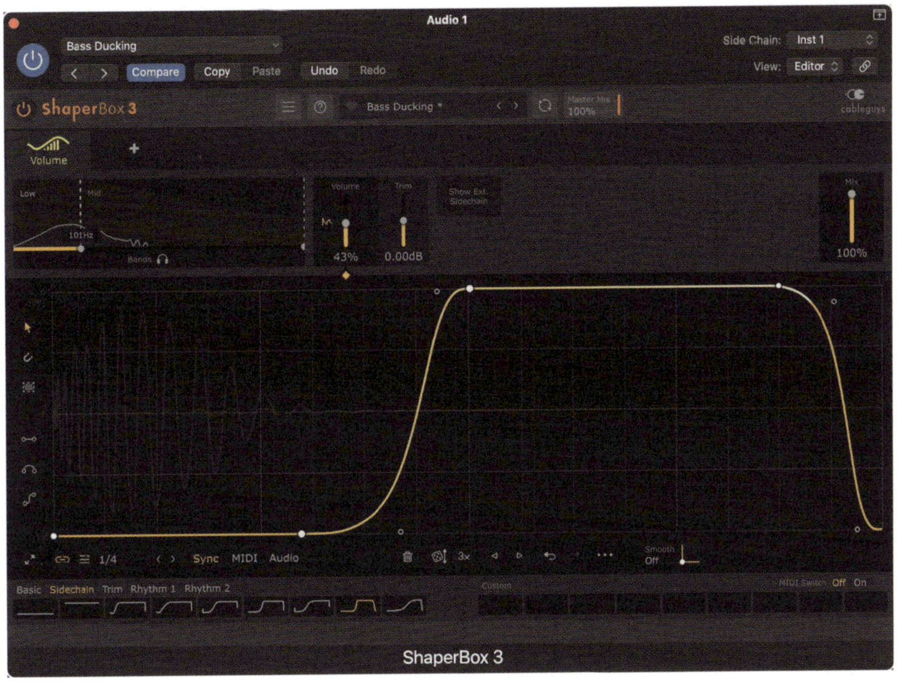

Beispiel 30: ShaperBox 3 von Cableguys

WELCHE TOOLS, PLUG-INS ODER TECHNIKEN NUTZT IHR FÜR KICK-SIDECHAINING?
STEFFEN HARNING: „Früher habe ich fast nur Nicky Romero's Kickstart benutzt, aber aktuell arbeite ich am liebsten mit Xfer Records LFO Tool. Gerne arbeite ich auch noch oldschool mit dem Logic-Kompressor und einem Sidechain, was vor allem bei Songs mit Broken Beats Sinn macht, und allen Spielarten ohne 4-to-the-floor-Kicks."
KAI SOFFEL: „Manchmal nutze ich das LFO Tool von Xfer Records und manchmal den Kickstart 2 von Nicky Romero."
CHRISTIAN HAMM: „Logics Compressor im SD-Modus tut hier super seine Dienste. Außerdem das LFO Tool von Xfer und Nicky Romeros Kickstart 2."
PETER RIES: „Je nach Song-Charakter benutze ich das klassische Sidechain-Prozedere über einen Kompressor. In meinem Fall komme ich schnell und gut mit dem Logic-Audio-internen Kompressor zum Ziel. Für schnelle, aber gute Ergebnisse verwende ich das recht günstige Plugin von Nicky Romero Kickstart. Etwas mehr im Detail bearbeiten kann man mit dem Xfer LFO Tool."
BILLY KING: „Einfach Sidechaining in Logic. Super komfortabel. Dort auschecken, was man alles zum Pumpen reinschickt."
WALTER MAIR: „Oftmals reicht der Standard Logic Compressor vollkommen aus. LFO Tools hilft, wenn man schnell eine rhythmisch pulsierende Idee ausprobieren möchte."
JULIUS MALDEGHEM: „Für klassisches Sidechaining nutze ich den C2 Kompressor von Fab Filter. Mittlerweile arbeite ich aber immer mehr mit Shaper Box 2 von der Firma Cable Guys für einen Sidechaining-Effekt."
ROBERT RETTBERG: „Alle WAVES Kompressor Plugins, z. B. Renaissance RComp, C1, CLA-76 etc. und Kickstart"
HANS-MARTIN BUFF: „Entweder nutze ich die traditionelle Kombination von Bus und Kompressor mit Sidechain-Eingang, oder, für schnell eingefädeltes und gleichmäßiges Sidechaining, das LFO Tool, oder für ganz genaues Sidechaining fixiere ich das Sidechaining manuell per Lautstärke-Automation."

FRAGT DER DRUMMER DEN BASSISTEN:
„WARUM HAST DU DENN DEN BÜHNEN-RAUDI VERDROSCHEN?"
„ER HAT MEINE SAITE VERSTIMMT."
„ABER WARUM IST DAS SO SCHLIMM?"
MEINT DER BASSIST: „ER SAGT MIR NICHT, WELCHE!"

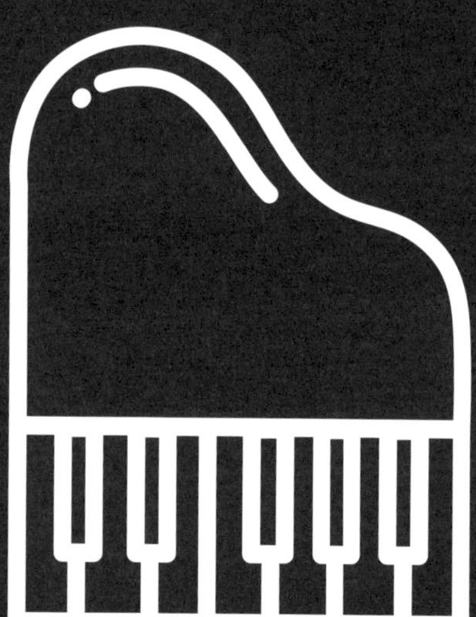

AKKORDE

Mein Freund Peter und ich gründeten in unserer Kindheit mehrere Bands, wie zum Beispiel *Double Trouble* oder auch *The Smile Of Mona Lisa*. Wir brachten mit etwa 16 Jahren mehrmals die *Rocky Horror Show* auf die Bühne. Da wir zu wenig Mitwirkende in unserem Alter fanden, spielte ich eine Doppelrolle, nämlich die des *Brad Major* und des *Frank-N-Furter.*

Während dieser ganzen Zeit entstand im Keller meiner Eltern ein Raum, den wir „das Tonstudio" nannten. Wir hatten dort eine „Recording Machine", die auf einer Musikkassette vier Audio-Spuren aufzeichnen konnte. Das war immerhin noch besser als unsere MIDI-Track-Möglichkeiten: Denn dabei mussten wir mit einem Hardware-Sequenzer, dem *QX21* von *Yamaha* mit zwei MIDI-Spuren auskommen.

Den Großteil unserer Arbeit lösten wir jedoch mit einem Sampler, dem *Emax*, mit einen Arbeitsspeicher von einem Megabyte. Die Sounds konnte man auf einer Diskette speichern, was so viel bedeutete wie eine Diskette pro Sound. Und auch wenn das heute alles ziemlich lustig klingt, bin ich meinen Eltern, die mir das alles ermöglichten, sehr dankbar. Ohne ihre Unterstützung wäre ich als Musikproduzent bestimmt nicht so weit gekommen.

In diesem Studio produzierten wir unseren (so dachten wir damals) ersten Hit: „Flying is better then sex". Wie wir genau auf diesen Titel kamen, kann und möchte ich ohne meinem Anwalt nicht sagen.

Nachdem die großen Chart-Erfolge zu unserer großen Überraschung dann doch ausblieben, widmeten wir uns unserem Studium. Ich studierte am Mozarteum Komposition und Tontechnik an der SAE in München, und Peter studierte Publizistik- und Kommunikationswissenschaft in Salzburg.

Karl Kaltenegger, der damalige Moderator des Radiosenders Ö3, organisierte an der Universität in Salzburg ein Projekt, bei dem die Studenten lernen sollten, wie man Radio macht. Die Studenten durften ein eigenes Radioprogramm namens „Kairadio" produzieren.

Als mir Peter von diesem Projekt erzählte, war ich davon sehr begeistert. Damals erschien mir alles, was mit Medien zu tun hatte, unerreichbar. Deshalb war die Vorstellung, Teil eines solchen Projektes sein zu dürfen, für mich ganz groß. Also versuchten wir, Karl Kaltenegger davon zu überzeugen, mich bei diesem Projekt mitmachen zu lassen, obwohl ich gar nicht an dieser Universität studierte.

Als Herr Kaltenegger noch nicht ganz überzeugt schien, schlugen wir vor, die Radio-Jingles für das Projekt „Kairadio" zu produzieren. Das gefiel Karl Kaltenegger, der damals unter dem Slogan „die sanfte Stimme von Ö3" bekannt war. Gesagt, getan!

Mit einer Begeisterung produzierten wir alle Audioelemente, die uns sinnvoll erschienen, um ein Radioprogramm von Studenten lebendig zu machen. Wir produzierten kurze Jingles, Musikbetten und einen Show-Opener, mit dem die Sendung startete.

Karl (mittlerweile waren wir stolz darauf, den Radiostar duzen zu dürfen) war von unserer Kreativität und von der Musik sehr begeistert und er fragte: „Warum hat Kairadio bessere Jingles, als meine Sendung bei Ö3?" Peter und ich meinten, dass wir das gerne ändern würden. Und so produzierten wir in den darauffolgenden Wochen, natürlich ohne konkreten Auftrag und damit auch ohne jede Bezahlung, unsere ersten Jingles für den Radiosender Ö3.

In der Hoffnung, weiter für Ö3 arbeiten zu können, bemühten wir uns, in dieser Zeit so oft wie möglich bei Ö3 zu sein. Und tatsächlich lernten wir in der Kantine Dominic Heinzl kennen. Er hat damals die Abend-Sendung „Treffpunkt Ö3“, die Sendung, die die coolste Musik für die Jugend spielte, moderiert. Auch für Dominic produzierten wir kostenlos Jingles, die auf Sendung gingen.

Und wenn mich heute jemand fragt, wie es funktioniert, als Musikproduzent erfolgreich zu werden, dann zeigt dieses Beispiel, worauf es meiner Meinung nach ankommt: Chancen finden, Chancen ergreifen und erst zu einem späteren Zeitpunkt auf den Profit achten. Ich werde nie vergessen, wie meine damalige Freundin Elisabeth und ich vor dem Radiogerät standen und meinen ersten Jingle auf Ö3 gehört haben. Fünf Sekunden lang dauerte dieses Erlebnis, und Elisabeth nahm mich in den Arm und tanzte mit mir. Sie verstand, was für ein großer Erfolg das für einen Jungen von 20 Jahren war.

Wenige Tage, nachdem unsere ersten Jingles am Vormittag und am Abend auf Ö3 zu hören waren, bekamen wir einen Anruf von Roland Gugganig. Er moderierte und leitete damals die wichtigste Sendung von Ö3, den „Ö3 Wecker”, die Morning-Show des Senders. Bei einem Treffen erklärte er uns, dass es nicht sein kann, dass die Jingles in den Sendungen vormittags und abends besser klingen, als die Jingles der viel wichtigeren Morning Show. Er beauftragte uns, ein komplettes Jingle-Paket zu produzieren. Diesmal gegen eine angemessene Bezahlung.

Die ersten Jingles sangen wir noch selbst. Wir öffneten unser *Cubase* auf einem Atari-Computer, suchten uns das passende Tempo, programmierten einen Beat und dann suchten wir geeignete Akkorde und dafür die richtigen Instrumente. Und darum soll es in diesem Kapitel gehen: Die Akkord-Spuren!

EIN KLAVIER, EIN KLAVIER!

Abhängig vom Genre, in dem ich arbeite, entscheide ich mich für eine Kategorie von Akkord-Sound:

1. Echte Akkordinstrumente

2. Synthetische Akkordinstrumente

Der mit Abstand wichtigste und meist genutzte Sound der Akkordinstrumente ist das Klavier. Und immer wenn ich denke, ich habe schon alle Klavierinstrumente, die es gibt, kommt irgend eine Firma und bringt einen neuen Sound, der besser klingen soll als alle anderen, und manchmal ist das tatsächlich auch so.

Ich teile die Klaviere in vier Gruppen ein:

1. Pop

2. EDM

3. Klassik

4. Jazz

Hier finden wir meistens Samples von einem echten Grand Piano, also ein Flügel mit vielen Obertönen. Oft werden dafür Marken wie *Yamaha* oder *Steinberg* verwendet, da diese Klaviere brillanter und obertonreicher klingen als zum Beispiel ein *Bösendorfer*. Viele Jahre war der von mir am meisten verwendete Sound das *Yamaha Grand Piano* von Logic. Auch wenn ich heute in *Bitwig Studio* arbeite, verwende ich noch manchmal eine Version dieses Sounds, die ich von Logic gesampelt habe. Doch heute hat in dieser Kategorie das Plugin *Keyscape* von *Spectrasonics* den Sound, den ich am häufigsten verwende.

1988 erschien der Synthesizer *M1* der Firma *Korg*, der mit vielen seiner Sounds die damalige Musik prägte. Ein Preset trug den Namen „01 Piano 16”. Dieses prägte die elektronische Musik wie kein anderes Klavier. Wir kennen es aus zahlreichen Club Tracks wie „Ride on Time” von *Black Box* , „I've Been Thinking About You” von *Londonbeat* und vielen aktuellen Tracks.

Heute gibt es den *Korg M1* auch als VST-Plugin. Es gibt natürlich auch viele günstigere Simulationen, die sich aus rechtlichen Gründen nicht so nennen dürfen. So haben wir auch in dem *Mugent Player* zwei Klavier-Sounds gemacht, die vom *Korg M1* inspiriert sind, aber ein bisschen zeitgemäßer und voller klingen: Das „EDM Piano” und das „House Piano”.

Dann gibt es eine dritte Kategorie unter den Klavier-Sounds, die genau das Gegenteil ist. Ich nenne es das „Klassik-Klavier“. Es hat im Gegensatz zum Pop- bzw. EDM-Klavier wenige Obertöne, aber dafür einen langen Hall. Viele Samples basieren auf einer Aufnahme der Marke *Bösendorfer,* die einen sehr weichen Sound hat, der vor allem auch bei Filmmusik viel zum Einsatz kommt.

Bekannte Sounds gibt es von der Firma *Native Instruments*, wie zum Beispiel das *Noire* oder auch das *Una Corda*. Mir gefallen die Presets *Cinematic* und *Deep Score* von *Keyscape* extrem gut. Man findet auch tolle Sample-Libraries bei den Firmen, die für hochwertige Orchester-Sounds bekannt sind: *Spitfire Audio*, *Orchestral Tools* und *Vienna Symphonic Library*.

Extra zu erwähnen wäre hier noch das Felt-Piano, dessen Sound durch einen Filzstreifen, zwischen Hämmer und Saiten gedämpft wird. Die bekanntesten Sounds sind von *Spitfire Audio* und das *Una Corda* von *Native Instruments*.

Ein tolles YouTube-Video, in dem man ein echtes Felt-Piano sieht, ist „Max“ *von Oliver Patrice Weder (Live)*. Hier der Link dazu: https://youtu.be/ZfPv5Qomd7Y

Und meine vierte und letzte Kategorie ist das Jazz-Klavier. Dieses hat weniger Obertöne als das Pop-Klavier, aber mehr als das Klassik-Klavier. Es wird meist in einem kleineren Aufnahmeraum als das Klassik-Klavier aufgenommen, aber mit mehr Raum als das Pop-Klavier. Sehr oft handelt es sich hierbei nicht um ein *Grand Piano*, im Deutschen korrekter Weise als Flügel bezeichnet, sondern um ein *Upright Piano,* das man im Deutschen als Klavier bezeichnet. Viele bezeichnen fälschlicherweise sowohl den Flügel wie auch das Piano als Klavier. Der Unterschied ist, dass die Saiten beim *Upright Piano* vertikal und nicht wie beim Flügel horizontal angebracht sind.

Mein Lieblingssound in der Kategorie Jazz-Klavier ist aber das *Alicia-Keys-Piano* von *Native Instruments*, das sehr wohl ein *Grand Piano*, also ein Flügel, ist.

An dieser Stelle möchte ich kurz den Grund erläutern, warum ich in diesem Buch sowohl die deutschen als auch die englischen Begriffe anführe: Die deutschen sind leichter zu verstehen. Aber ich denke, es ist wichtig, die englischen Begriffe für all diese Sounds und Geräte zu kennen, da man diese hauptsächlich in den Plugins bzw. Instrumenten findet.

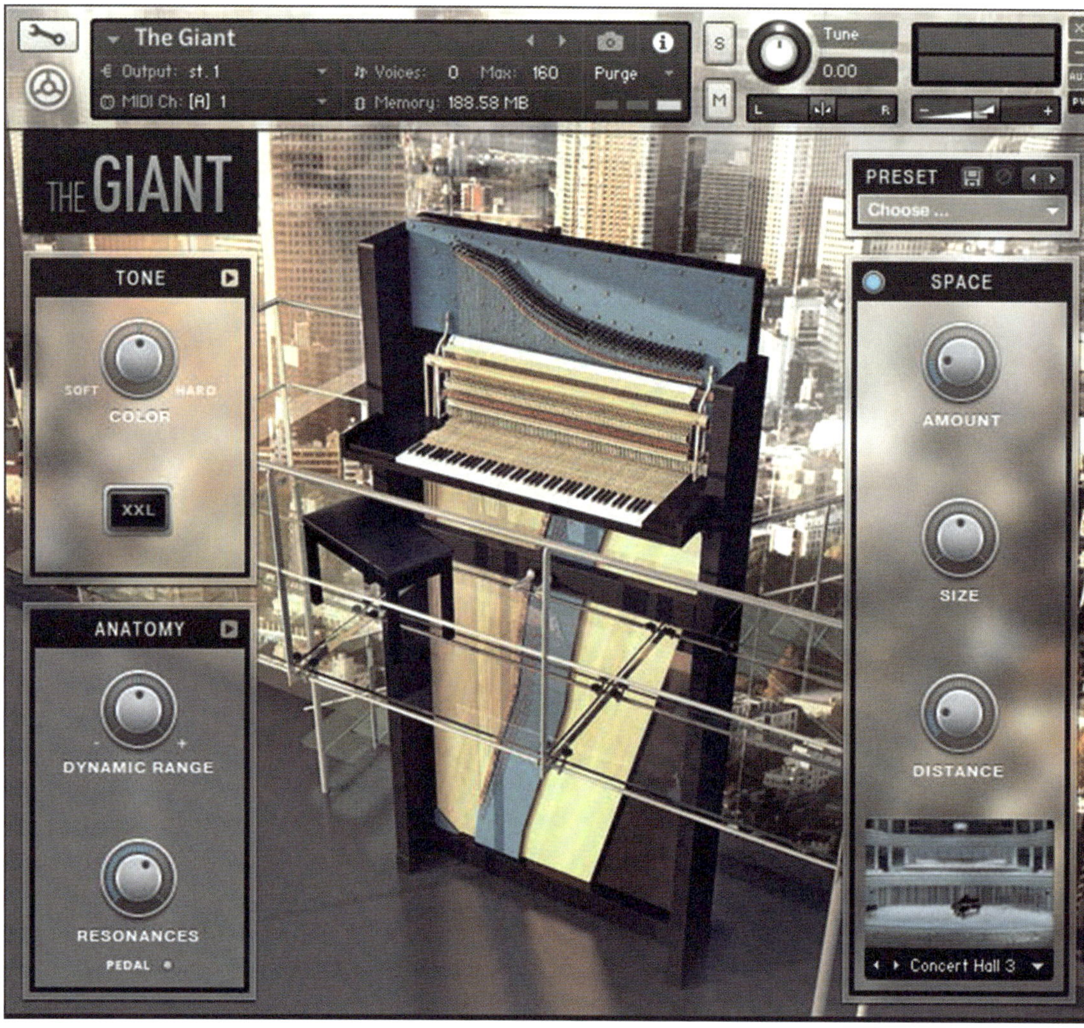

Beispiel 28: The Giant von aus dem Native Instruments Komplete

WELCHE INSTRUMENTE/PLUGINS VERWENDET IHR FÜR KLAVIER-SOUNDS?	
Native Instruments Komplete	46 %
Das Klavier meiner DAW	27 %
Nexus 3	9 %
Avenger	6 %
Steinberg The Grand	5 %
Arturia Analog Lab	4 %
Keyscape (Spectrasonics)	3 %

Dies ist das Ergebnis einer Abstimmung in meiner Facebook-Gruppe
„Thomas Foster musicproduction (german group)"

HIT THE „RHODES" JACK – DAS E-PIANO

Das E-Piano ist aus heutigen Produktionen genau so wenig wegzudenken wie die Gitarre oder das normale Klavier. Egal ob in Pop, House oder Hip-Hop, das E-Piano spielt eine große Rolle. Die zwei bekanntesten Sounds sind die des *Fender Rhodes* und die des *Wurlitzers*.

Es ist nicht ganz leicht den Unterschied zu beschreiben. Einige beschreiben den Sound des *Rhodes* als glasig, rein und klar und den des *Wurlitzers* als erdiger und grobkörniger. Ich würde das *Rhodes* als „glockiger" beschreiben. Es hat meistens mehr höhere Frequenz-Anteile, während der *Wurlitzer* etwas cooler klingt. Bei einem Pop-Track bin ich oft froh über die glockigen und hohen Frequenzen des

Rhodes, bei einem House-Track wirkt der *Wurlitzer* für mich etwas authentischer. Aber fangen wir noch einmal ganz von vorn an:

Harold Rhodes hatte 1942 den Auftrag, verwundete Soldaten das Klavierspielen beizubringen. Damit auch bettlägerige Patienten Klavier lernen konnten, entwickelte er ein kleines, tragbares Tasteninstrument, das man auch im Bett spielen konnte. Angeblich kamen beim Bau dieser ersten Version eines E-Pianos hauptsächlich Flugzeugteile zum Einsatz, da Rhodes mit dem arbeiten musste, was er im zweiten Weltkrieg zur Verfügung hatte. 1946 gründete er seine eigene Firma, die 1965 an CBS verkauft wurde. In den folgenden Jahren brachte diese Firma mehrere Modelle, von denen fast täglich 18 Stück verkauft wurden, heraus. Diese Modelle schrieben Musikgeschichte:

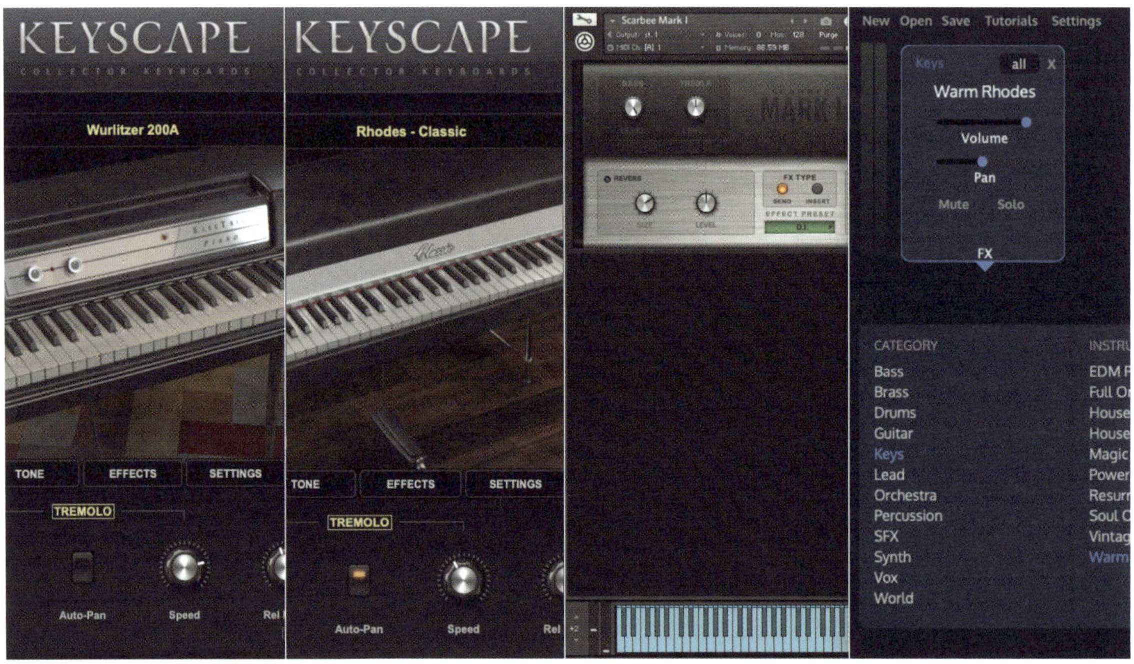

Beispiel 29: Der Vergleich zwischen Wurlitzer und Rhodes (von Keyscape), dem Mark 1 von Scarbee und dem Warm Rhodes des *Mugent Players*

- Fender Rhodes „Silver-Top" Electric Piano (1965–1969)
- Fender Rhodes Mark I (1969–1975)
- Rhodes Mark I (1975–1979)
- Rhodes Mark II (1979–1983)
- Rhodes Mark III EK-10 (1980–1983)

Zu hören ist das *Rhodes* bei Legenden wie *Bill Withers, Billy Joel, Stevie Wonder, den Bee Gees* und natürlich bei vielen aktuellen Produktionen. Der Klang wird durch eine „asymmetrische Stimmgabel" erzeugt. Diese besteht aus einem dünnen, runden Stimmstab (engl.: tine). Deshalb finden wir in vielen Plugins den Rhodes-Sound unter dem Namen Tine-Piano, da der Name *Rhodes* aus rechtlichen Gründen nicht verwendet werden darf.

Die Firma *Wurlitzer* kennt ihr wahrscheinlich von den bunten Jukeboxen. Das *Wurlitzer Electric Piano* wurde von 1955 bis 1982 verkauft. Am bekanntesten wurde wohl das *Wurlitzer 200A*, aber auch Modelle wie das *EP-110, 111, 112, 112A* und *120* werden heute noch gerne verwendet. Bekannt wurde der Sound durch *Ray Charles, Marvin Gay, Supertramp, Queen, Beck* und viele andere. Der typische Klang wird durch das Anschlagen einer Metallzunge (Reed) mit einem befilzten Hammerkopf erzeugt. Daher finden wir den Klang häufig auch unter „Reed-Piano".

Anfang der 80er-Jahren erschienen verschiedene Digital Pianos, deren Sound eine Weiterentwicklung des E-Pianos ist. Die meisten zeichnen sich durch einen noch „glockigeren" Klang aus. Die bekanntesten findet man im *DX7* und im *Korg Trinity*. Meistens sind mir diese Sounds etwas zu glockig bzw. „zu 80er". Deshalb verwende ich meistens lieber die Klassiker: *Fender Rhodes* und *Wurlitzer*.

WELCHE INSTRUMENTE/PLUGINS VERWENDET IHR GERNE FÜR E-PIANOS?	
Den E-Piano Sound meiner DAW	46 %
Scarbee Mark 1 (Native Instruments)	30 %
Keyscape (Spectrasonics)	13 %
Stage-73 V (Arturia)	11 %

Dies ist das Ergebnis einer Abstimmung in meiner Facebook-Gruppe
„Thomas Foster musicproduction (german group)"

THE ELECTRIC ORGAN

Viele Firmen haben elektronische Orgeln gebaut: *Clavia, Roland, Nord, Kawai, Yamaha* und viele mehr. Aber die wichtigste Orgel ist wahrscheinlich die *Hammond B3*.

Natürlich ist sie heute nicht so bedeutend wie das Klavier oder das elektrische Piano, aber gerade deshalb ist sie auch etwas Besonderes. Und manchmal ist es ein guter Trick, Akzente mit einer B3 zu doppeln, wenn man diese noch voller klingen lassen möchte, da die sie extrem viele hohe Frequenzen haben kann.

Hier einige bekannte Beispiel-Songs, in denen eine Orgel spielt:

- „Green Onions" von *Booker T and the MGs* (1962)
- „A Whiter Shade of Pale" von *Procul Harum* (1967)
- „Born To Be Wild" von *Steppenwolf* (1968)
- „Us and Them" von *Pink Floyd* (1973)
- „Smoke on the Water" von *Deep Purple* (1972)
- „Glory Box" von *Portishead* (1994)

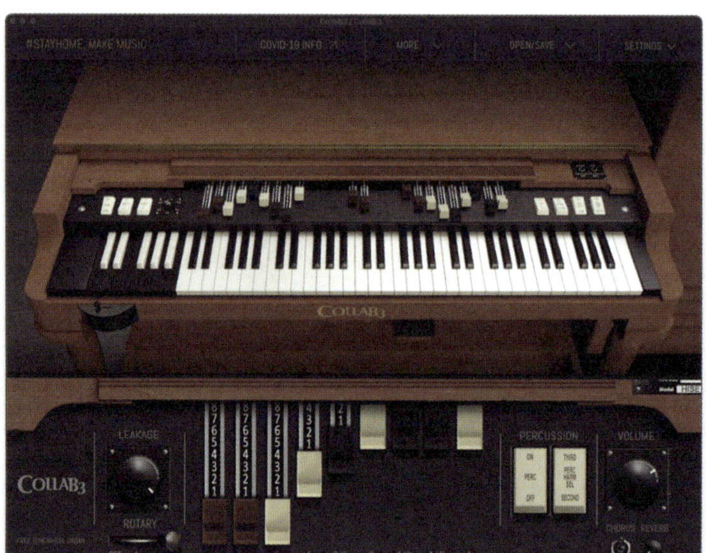

Beispiel 30: CollaB3, eine Simulation der Firma Sampleson, ist ein kostenfreies Plugin

1988 veröffentlichte die Firma *Korg* das Keyboard *M1*, das für die damalige Zeit viele Sounds hatte und damit die elektronische Musik prägte. Das Preset *17 Organ 2* prägte die elektronische Tanzmusik. Noch heute hört man aktuelle Dance-Tracks, die diesen oder einen ähnlichen Sound in den Bässen verwenden.

Hier einige bekannte Beispiele für den *Korg-M1*-Organ-Sound.

- „Gypsy Woman" von *Crystal Waters* (1991)
- „Please don't go" von *Double You* (1992)
- „Show me love" von *Robin S* (1993)

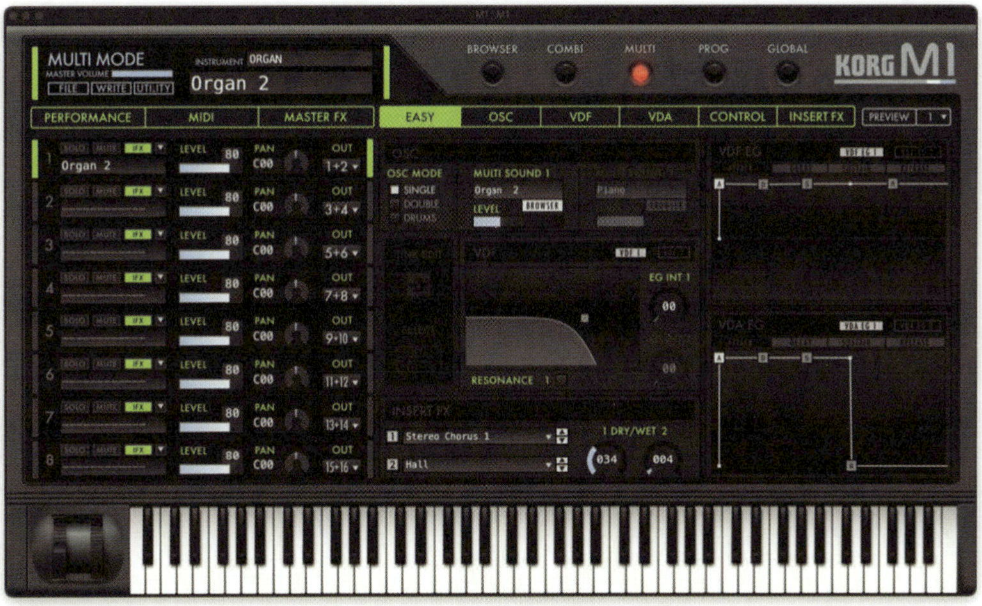

Beispiel 31: Der Organ-Sound der M1 von Korg als Plugin

WELCHE TOOLS, LIBRARIES, ODER PLUG-INS NUTZT IHR FÜR KLAVIER-SOUNDS?

ROBERT RETTBERG: „IVORY 2, The Maverick, Alicia's Keys, Keyscape, The Giant, Grandeur und Noire."

STEFFEN HARNING: „Auch das ändert sich ständig. Ich habe das letzte Mal Alicia's Keys von Native Instruments mit einem M1 Piano gelayert. Unbedingt ausprobieren!"

CHRISTIAN HAMM: „Synthogy Ivorys Pianos finde ich super, außerdem NI Alicia's Keys und The Grand."

PETER RIES: „Bei den Klavier-Sounds bin ich ein großer Fan des sogenannten Felt Pianos. Das heißt, durch Betätigen eines Klavier-Fußpedals wird ein Streifen Filz vor die Saiten in Position gebracht. Der Klang wird dadurch gedämmt. Neben dem Einsatz, um das Klavier leise klingen zu lassen, ist es aber auch ein Stilmittel, das zum Beispiel oft im Genre Neo Classic eingesetzt wird. Ich verwende sehr gerne das PlugIn Felt Grand Piano von Ólafur Arnalds, dass von Spitfire Audio angeboten wird. Auch sehr schön für diese Art von Piano Sounds ist das Native Instruments Plugin Noire und Una Corda. Auch in der elektronischen Musik haben diese sanften Pianoklänge eine sehr magische Wirkung."

KAI SOFFEL: „Ich nutze viele der Klavier Sounds von Native Instruments, Mini Grand von Air oder das Grand Rhapsody Piano von Waves."

BILLY KING: „Keyscape von Spectrasonic oder Alicia's Keys von Native Instruments"

WALTER MAIR: „Für den großen Filmsound benutze ich oftmals zwei Klaviere, die ich mit EQ und Kompression verschieden behandle. Ein Sound kann einen helleren und detaillierten Klang Charakter aufweisen, wie z.B. Spectrasonics Keyscapes. Der zweite Sound, von dem nur die unteren Mitten und der Bass genommen werden, ist beispielsweise ein charakterstarkes Felt Piano. Ich habe in meinem Logic Template auch immer mindestens drei verschiedene Piano-Libraries eingeladen, weil jede Library ein anderes Spielgefühl erzeugt und man dadurch automatisch andere Melodien/Harmonien findet: Soundiron Emotional Piano, Native Instruments Noir, Spitfire Felt Piano"

JULIUS MALDEGHEM: „Eines meiner Lieblings-Klaviere ist das Woodchester Piano der Firma *Fracture Sounds*. Das ist ein Felt-Piano, hat also einen sehr sanften Klang. Für einen härteren, metallischen Klang, mehr in Richtung Dance-Musik verwende ich The Giant von „Native Instruments."

WELCHE TOOLS, LIBRARIES, ODER PLUG-INS NUTZT DU FÜR ELECTRONISCHES PIANO?
STEFFEN HARNING: „Da habe ich einen ganz klaren Favoriten, auch wenn es vielleicht etwas exotisch wirkt: Waves Electric 88! Meist brauche ich weder EQ noch Dynamik zusätzlich.“
BILLY KING: „The Famous E von Orange Tree Samples. Sonst Keyscape von Spectrasonics oder das Logic Rhodes.“
JULIUS MALDEGHEM: „E-Pianos kommen bei mir meistens aus Analog Labs oder auch Native Instruments Scarbee Mark I.“
HANS-MARTIN BUFF: „Am liebsten ein echtes E-Piano. Oder die Plugins von Arturia.“
CHRISTIAN HAMM: „Am liebsten ein echtes Rhodes, sonst das E-Piano von Scarbee. Und ein selbst gesampeltes Hohner D6.“
KAI SOFFEL: „Auch bei E-Pianos nutze ich einige der Kontakt-Sounds von Native Instruments und den Korg Kronus Ext.“

WELCHE TOOLS, LIBRARIES, ODER PLUG-INS NUTZT DU FÜR ORGEL-SOUNDS (ZB. B3)?
ROBERT RETTBERG: „Alle von Logic, Retro Organ – Big Fish, Vintage Organs“
STEFFEN HARNING: „Wenn es nach House klingen soll, weiterhin den Korg M1. Ansonsten bin ich sehr flexibel, auch die Orgel von Logic klingt super.“
CHRISTIAN HAMM: „NI Vintage Organs“
PETER RIES: „Auch die Orgel gehört nicht zu den Instrumenten, die ich oft einsetze. Wenn, dann sind es die Flute–Register–Sounds einer Kirchenorgel. Besonders schöne Klänge in diese Richtung bekommt man mit dem Spitfire Audio PlugIn Symphonic Organ (Programm 9: Non Inter Flutes).“
BILLY KING: „IK Multimedia Hammond B3X mit deren Leslie-Plugin. Sehr authentisch. Orgel reicht sonst auch Logic, aber das IK Leslie dazu.“
WALTER MAIR: „Ich habe in einer Kirche in London für einen Kinofilm eine ganze Orgel gesampelt, die ich seither in NI Kontakt benutze. Die klingt überraschend modern, wenn man dem Instrument Effekte wie Valhalla Shimmer beimischt.“

OHNE PAD GEHT ES NICHT!

Ein Pad ist ein Flächensound, der manchmal wie Streicher, manchmal wie Chöre, manchmal wie Holzbläser, manchmal nach Synthesizer und sehr oft wie ein Mix dieser „Zutaten" klingt. Ein Teppich, der keine Rhythmik hat, sondern jeden Akkord anschlägt und bis zum nächsten Akkord anhält. Auch wenn es die langweiligste Idee ist, ein Arrangement anzureichern, geht es meistens nicht ohne.

Das Synthesizer-Plugin *Omnisphere* von *Spectrasonics* war eines der ersten, die echte gesammelte Instrumente wie Chor, Streicher oder auch echte analoge Synthesizer mit synthetischen gemischt hat. Wahrscheinlich ist es deshalb so beliebt, wenn es um Pad-Sounds geht.

Neben dem Sound spielt natürlich auch die Oktavlage eine wichtige Rolle, also die Frage, in welcher Oktave und Umkehrung der Pad-Sound gespielt wird. Natürlich kann es auch interessant klingen, wenn man den Pad-Sound nur einstimmig und nicht dreistimmig spielt. Oft ist es ein guter Weg, einen Ton auf einer Note liegen zu lassen, anstatt ihn an jeden Akkord anzupassen. Dies kann zu gewollten Dissonanzen führen. Man könnte auch sagen, die Note „reibt" etwas am Akkord. Um dies etwas verständlicher zu machen, ist hier ein Beispiel:

DAS PAD SPIELT EINE NOTE, DIE ÜBER VIER AKKORDE LANG LIEGENBLEIBT.				
Pad Ton	C	C	C	C
Akkord	C	Dm	Am	Gsus4
Funktion	Grundton	Sept	Terz	Vorhalt

Beispiel 32: Oft klingt eine Note im Pad interessanter als ein kompletter Akkord.

Immer wenn ich versuche, ein einstimmiges Pad einzuspielen, teste ich jede Note des ersten Akkordes und schaue, was passiert, wenn ich diese auf den nächsten Akkorden liegenlasse. Oft kommt dabei etwas Spannendes heraus. Manchmal jedoch funktioniert es auch nicht und ich passe die Noten in jedem Akkord an.

WELCHE INSTRUMENTE/PLUGINS VERWENDET IHR FÜR PAD-SOUNDS?	
Synthesizer meiner DAW	30 %
Serum (Xfer)	14 %
Nexus (reFx)	14 %
Omnisphere (Spectrasonics)	12 %
Pigments (Arturia)	10 %
Avenger (Vengeance)	8 %
Analog Lab (Arturia)	7 %
Mugent Player	5 %
Dies ist das Ergebnis einer Abstimmung in meiner Facebook-Gruppe „**Thomas Foster musicproduction (german group)**"	

WELCHE INSTRUMENTE/PLUGINS VERWENDET IHR FÜR PAD-SOUNDS?
KLAAS GERLING: „Massive, Serum, Avenger und Nexus"
CHRISTIAN HAMM: „Omnisphere, Serum, Massive X"
PETER RIES: „Für Pop-Songs hat der Nexus recht schöne Pad-Sounds. Im Ambient Bereich setze ich überwiegend den Spectrasonics Omnisphere, Best Service NADA und die Native PlugIns Orbit und Straylight ein."
STEFFEN HARNING: „Das kommt ganz darauf an. Wenn es analog klingen soll U-He's Diva, für Modernes was von Nexus und für Soundscapes Spectrasonics Omnisphere. Auch LennarDigital ist klasse, wenn man ihn mit ein paar zusätzlichen Effekten behandelt."
HANS-MARTIN BUFF: „Für das schnelle Preset nutze ich als Pro–Tools-User Xpand2, für Schickeres Beyond Provenance (läuft mit Kontakt), NI Massive und Serum."

Mein Lieblingspad ist leicht erklärt: Ich nehme einen analogen Synthesizer, wie zum Beispiel den *Serum*, wähle beim ersten Oszillator einen Sägezahn als Wellenform, und nutze *Unison*, um ein möglichst breites Stereobild zu erzeugen. Um einen eher dumpfen Sound zu erzeugen, nutze ich einen Tiefpass-Filter und erhöhe die Attack und die Release dezent, um den Sound weich erscheinen zu lassen. Effekte wie Chorus und Reverb runden das Ganze ab. Meistens verwende ich ein ganz simples Pad, wie eben beschrieben. All die Super-Presets von Geräten wie *Omnisphere*, die alleine unglaublich toll klingen, haben im Mix meistens keinen Platz. Falls ihr diesen Absatz nicht ganz verstanden habt, sollte das folgende Kapitel mehr Klarheit bringen.

SYNTHESIZER

Sowohl für Akkord-Sounds wie auch für Arpeggios, um die es im nächsten Kapitel gehen wird, kommen häufig Synthesizer zum Einsatz. Hier ein ganz kurzer Ausflug in die Programmierung eines solchen:

Die meisten Synthesizer folgen einem ähnlichen Aufbau. Zunächst nutzen wir Oszillatoren, um einen Klang zu erzeugen. Das erste Envelope-Modul reguliert den Lautstärkenverlauf des Sounds, indem es entscheidet, ob er mit einem harten Anschlag beginnt oder langsam einblendet, und ob er beim Loslassen der Taste abrupt stoppt oder langsam ausklingt.

Das zweite Envelope-Modul hingegen beeinflusst den Filterverlauf, indem es entscheidet, ob der Sound von Anfang an viele Obertöne hat oder ob diese erst allmählich hinzukommen. Der LFO (Low Frequency Oscillator) kann zusätzlich einen Parameter, wie zum Beispiel die Tonhöhe auf- und abschwellen lassen, um Bewegung in den Sound zu bringen.

Darüber hinaus verfügen die meisten Synthesizer über einige Effekte wie Hall, Delay, Modulation usw., die vielleicht bereits aus diversen DAWs bekannt sind.

Während sich die Namen und spezifischen Funktionen von Synthesizer zu Synthesizer unterscheiden können, bleiben die grundlegenden Bausteine in der Regel gleich. Wenn man das Konzept einmal versteht, sollte man sich in fast jedem Synthesizer zurechtfinden können.

Hier ein Screenshot der beliebtesten VST Synthesizer, wobei jedes dieser Module markiert ist:

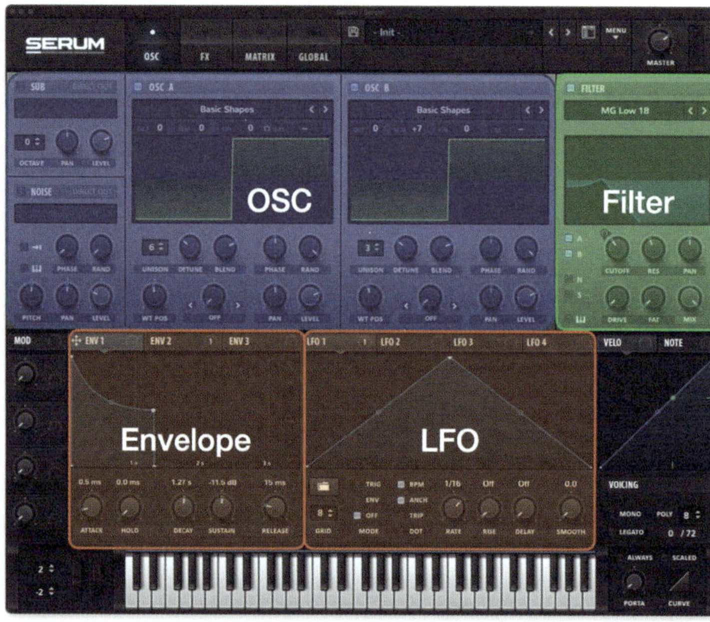

Beispiel 33: *Serum* der Firma *Xfer Records*

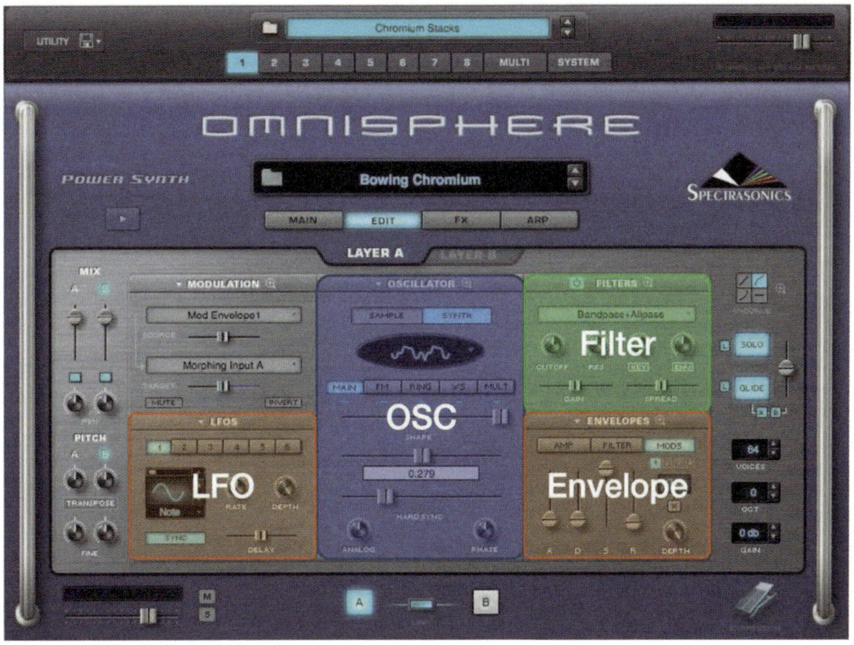

Beispiel 34: *Omnisphere* der Firma *Spectrasonics*

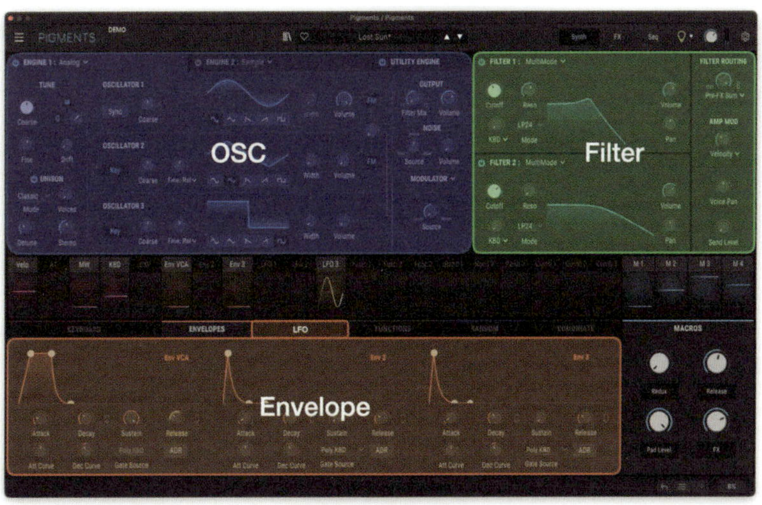

Beispiel 35: *Pigments* der Firma *Arturia*

OSZILLATOR

Der Oszillator erzeugt den Grundsound des Synthesizers, der in der Regel auf einer Wellenform basiert. Die bekanntesten Wellenformen sind der Sinuston, der keine Obertöne hat und daher sehr dünn klingt, sowie die Rechteck- und Dreieck-Wellenformen, die bereits voller klingen. Die Sägezahn-Wellenform hat die meisten Obertöne und erzeugt einen sehr kräftigen Sound.

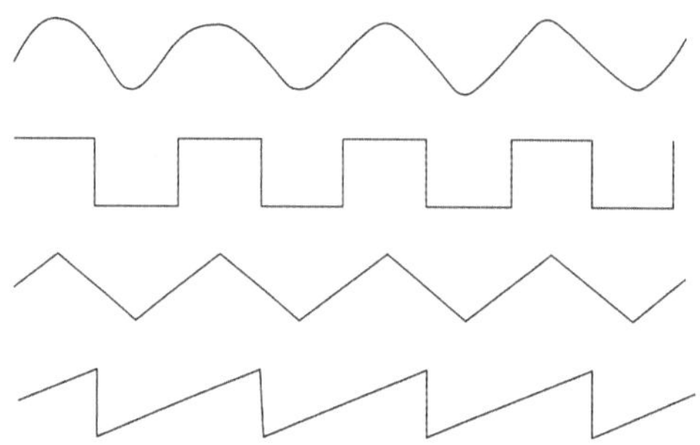

Sinus

Rechteck

Dreieck

Sägezahn

In klassischen Synthesizern gibt es oft zwei Oszillatoren, die man nutzen kann, um den zweiten Oszillator eine Oktave und/oder eine Quinte höher zu stimmen. Im einfachsten Fall werden diese beiden Oszillatoren miteinander gemischt.

Einige Synthesizer bieten auch die Möglichkeit der Frequenz-Modulation, mit der man weitere interessante Obertöne erzeugen kann.

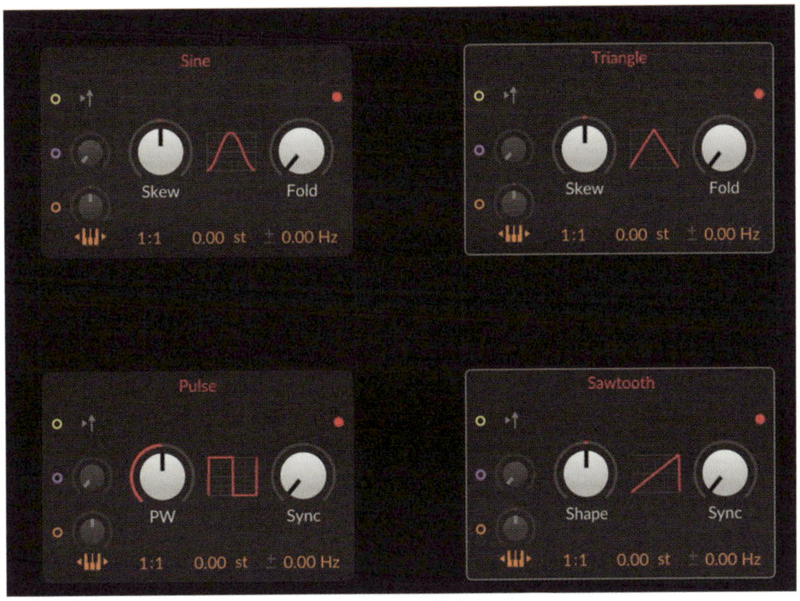

Beispiel 36: Die unterschiedlichen Wellenformen eines Oszillators

FILTER

Ein Filter ist der wesentliche Bestandteil beinahe jedes Synthesizers. Der wichtigste Filtertyp ist der Lowpass-Filter, der die hohen Frequenzen abschwächt. Der Cutoff-Regler bestimmt, ab welcher Frequenz der Filter die Höhen beschneidet. Durch die Resonanz wird die Eckfrequenz betont und der Envelope-Regler bestimmt, wie stark der Filter durch den Envelope beeinflusst wird. Es gibt auch andere Filtertypen, wie den Highpass- und Bandpass-Filter. Der Filter wird in vielen Synthesizern als SVF bezeichnet. Dies steht nicht für „Stressverarbeitungsfragebogen“, sondern für „State Variabel Filter“.

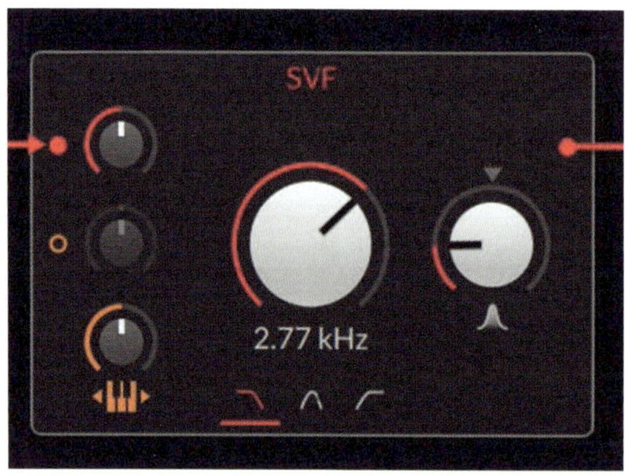

Beispiel 37: Der Filter von „The Grid“ (Bitwig Studio)

ENVELOPE

Beim klassischen Synthesizer steuert der Envelope-Generator, oft auch als „ADSR“ bezeichnet, den Lautstärkenverlauf und oft auch den Verlauf des Filters. Moderne Synthesizer verfügen meist über einen dritten Envelope-Generator, der zu fast jedem Parameter, wie zum Beispiel der Tonhöhe der Oszillatoren, geroutet werden kann. Ein Envelope-Generator hat folgende Parameter:

- „Attack“: Die Zeit, die benötigt wird, um die volle Lautstärke des Sounds zu erreichen. Eine lange Attack-Zeit führt zu einem langsamen und weichen Start, während eine kurze Attack-Zeit einen harten Anschlag erzeugt.
- „Decay“ und „Sustain“: Nach dem Erreichen der vollen Lautstärke fällt die Lautstärke wieder ab. Der Decay-Parameter steuert dabei, wie schnell dies passiert, und Sustain stellt ein, auf welche Lautstärke der Sound fällt.
- „Release“: Sobald man die Taste loslässt, bestimmt die Release-Zeit, wie lange der Sound zum Ausklingen benötigt.

Nachdem die vier Regler „Attack”, „Decay“, „Sustain“ und „Release“ heißen, wird dieses Modul auch oft ADSR genannt.

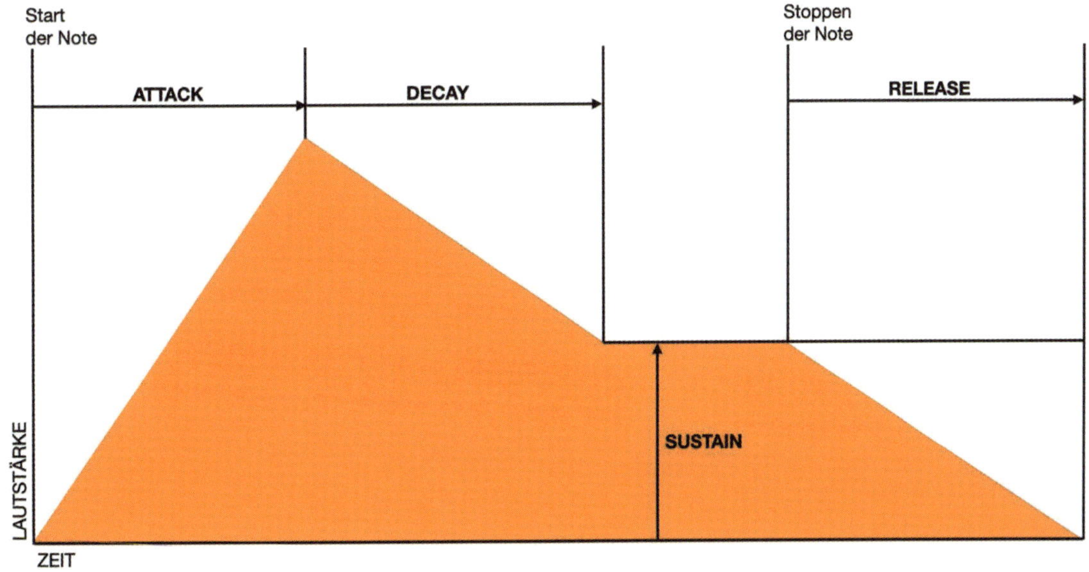

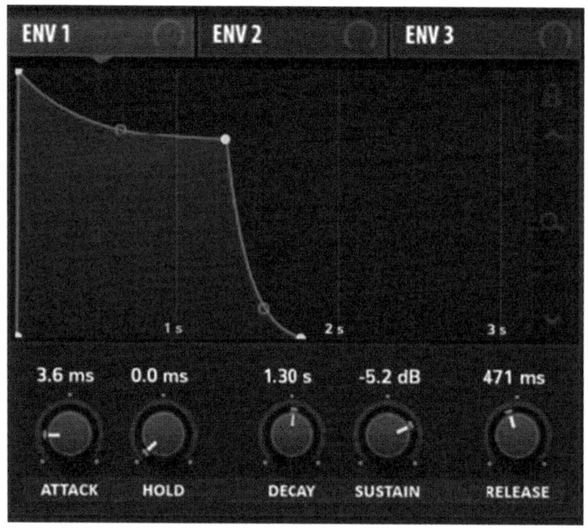

Beispiel 38: Envelope des *Serum*

LFO

Der LFO (Low Frequency Oscillator) ist ein weiterer wichtiger Baustein eines Synthesizers. Im Gegensatz zu den normalen Oszillatoren, die für die Erzeugung von Tonhöhen zuständig sind, erzeugt der LFO eine Schwingung mit sehr niedriger Frequenz. Diese Schwingung kann dann genutzt werden, um bestimmte Parameter des Sounds periodisch zu modulieren.

Ein Beispiel für die Verwendung des LFOs ist die Modulation der Tonhöhe des Oszillators. Hierdurch entsteht ein sogenannter Vibrato-Effekt. Aber der LFO kann auch für viele andere Zwecke, wie zum Beispiel für die Modulation der Amplitude, der Filterfrequenz oder der Effekt-Parameter, genutzt werden.

Der LFO hat in der Regel eine einstellbare Frequenz, die bestimmt, wie schnell die Modulation stattfindet. Außerdem gibt es oft auch verschiedene Wellenformen, die für unterschiedliche Modulationseffekte sorgen können. Zu den klassischen Wellenformen des LFOs gehören Sinus-, Sägezahn-, Rechteck- und Dreieckswellen.

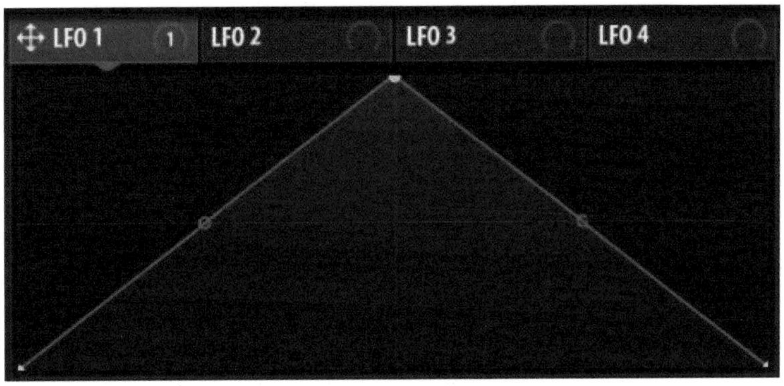

Beispiel 39: Envelope des *Serum*

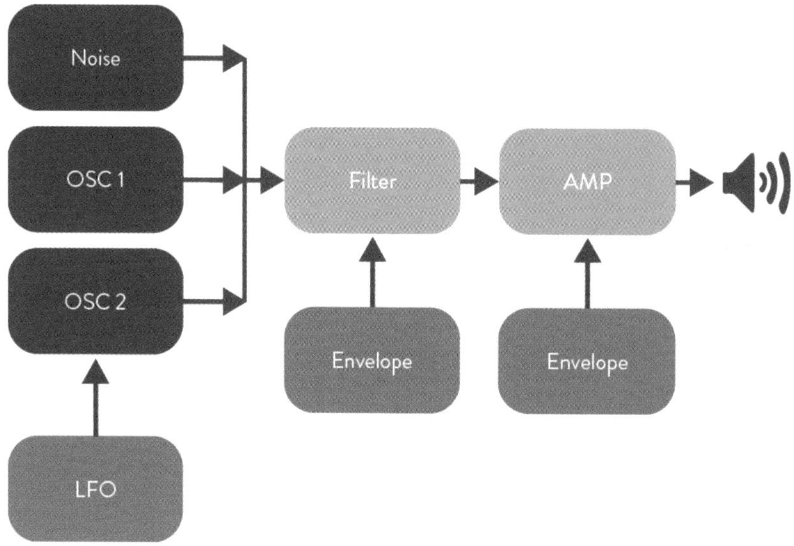

Der klassische Aufbau eines Synthesizer

In dieser Abbildung habe ich mit dem modularen Synthesizer von Bitwig Studio einen klassischen Synthesizer gebaut:

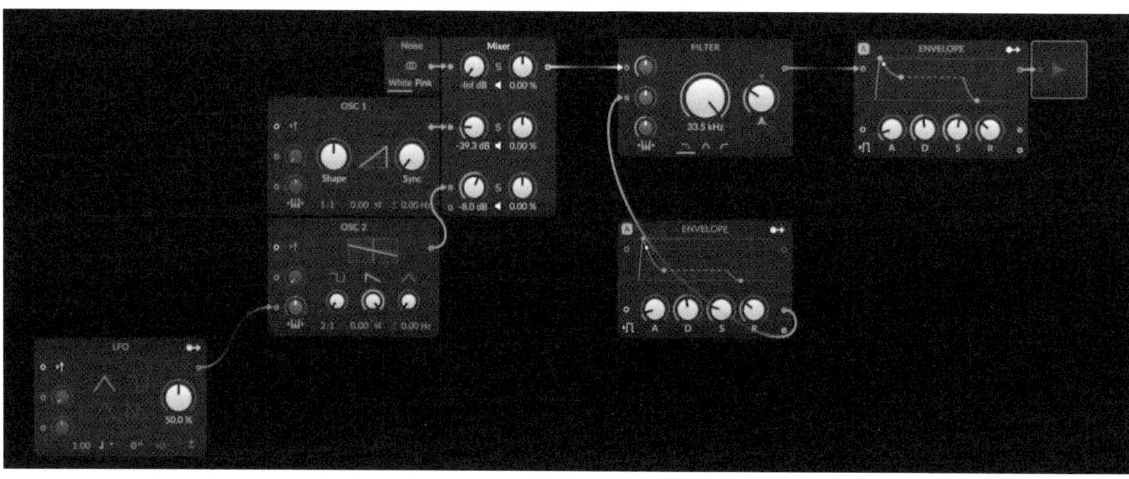

Beispiel 40: *Bitwig* – „The Grid"

Für jemanden, der mit diesem Kapitel zum erstenmal die Funktion eines Synthesizers erklärt bekommen hat, mag dieses Thema etwas kompliziert erscheinen. Wenn man jedoch diese wenigen Module (Oszillator, Filter, Envelope und LFO) einmal verstanden hat, findet man sich sehr schnell bei fast jedem Synthesizer zu recht.

WAS SIND EURE LIEBLINGS-SYNTHESIZER-PLUGINS	
Serum (Xfer Records)	20 %
Omnisphere 2 (Spectrasonics)	14 %
Synlenth 1 (Lennar Digital)	14 %
VPS-Avenger (Vengeance Sound)	12 %
Diva (u-he)	10 %
Pigments (Arturia)	10 %
Spire (Reveal-Sound)	8 %
Analog Lab (Arturia)	7 %
Vital (Vital Audio)	5 %
Dies ist das Ergebnis einer Abstimmung in meiner Facebook-Gruppe **„Thomas Foster musicproduction (german group)"**	

WAS SIND DEINE LIEBLINGS SYNTHESIZER-PLUGINS?
PETER RIES: „Alles in allem gehören dazu: Omnisphere, Nexus, Sylenth 1 und Diva."
STEFFEN HARNING: „Korg Legacy Collection, LennarDigital Sylenth 1, Spectrasonics Omnisphere."
BILLY KING: „Ich liebe die Arturia-Plugs. Alle. Der Artiria Minimoog ist der einzige, der gegen meinen echten Minimoog D ankommt in puncto Druck und Attack."
KAI SOFFEL: „Ich verwende hauptsächlich analoge Kisten wie den Moog One, den Virus C und den Korg MS 20. Mein Lieblings– Plugin ist der VPS Avanger von Vengeance Sounds."
ROBERT RETTBERG: „Absynth 5, Omnisphere, Jupiter 8, Arturia V9, Massive X"

ARPEGGIOS

Anfang der 2000er-Jahre, ich war etwa 33 Jahre alt, lernte ich einen italienischen DJ kennen, der mit mir Musik produzieren wollte. Bis zu diesem Zeitpunkt habe ich vor allem Pop- und Rock-Musik produziert. Musikstile wie Techno und House fand ich zwar sehr spannend, aber ich hatte keine Ahnung davon.

Christian Hornbostel lebte in Bayern und hatte einen einzigartigen Akzent. Ähnlich wie Arnold Schwarzenegger eine eigene Sprache entwickelt hatte, die eine Mischung aus Steirisch und Amerikanisch war, sprach Christian in einer faszinierenden Mischung aus bayrischem Dialekt und einem starken italienischen Akzent. Und wie man es von vielen Italienern kannte, sprach er auch noch sehr schnell und intensiv. Das war zum einen sehr unterhaltsam, aber zum anderen auch sehr faszinierend. Und Christian kannte sich mit elektronischer Musik sehr gut aus.

„An dieser Stelle wir müssen erzeugen große Spannung, alle warten, ist immer mehr spannend, aufregend und dann ... ÜBERRASCHUNG, wir bringen das Sample von die Anfang wieder, aber diesmal: Rückwärts. Das ist, was uns macht... “, Christian holte noch einmal tief Luft und meinte dann: „SPEZIALE!"

Auch erinnere ich mich immer wieder gerne daran, als Christian sagte: „Das ist wie die weiße Ei". Ich musste Christian unterbrechen: „Entschuldige, aber was ist die weiße Ei?" „Kennst du nicht? Die weiße Ei!!!?"

Im Laufe des Gespräches stellte sich heraus, dass er als Italiener nicht nur den falschen Artikel verwendet hatte, sondern auch das „H" sehr undeutlich aussprach. Und so wurde aus „Der weiße Hai" „Die weiße Ei".

Christian hatte mit seinem Remake von „Back To Life" schon einen ersten großen kommerziellen Erfolg und im Bereich Techno, und House hatte er bereits bei großen Underground–Labels released.

Peter, Christian und ich trafen uns immer öfter und philosophierten über Musik, fingen an, gemeinsam Musik zu produzieren und entwickelten ein Konzept, um diese zu vermarkten: Wir produzierten eine eigene Radiosendung namens „House Pacific – in 24 Tracks around the world". Diese zweistündige wöchentliche Sendung lief auf Radiostationen wie Sputnik, Gong 96,3 (München) und einigen mehr. House Pacific gab es auch als Party in Clubs und in Flughafen-Hangars in Deutschland und Österreich.

Unsere Produktionen liefen auf einmal in den größten Clubs in London und Ibiza. Und um noch tiefer in die Clubszene einzutauchen, mieteten wir für drei Monate eine Villa auf Ibiza. Wir freundeten uns dort mit zwei Produzenten-Teams an: *Boogie Park* und *Big World* aus Hamburg. Beide hatten ebenfalls eine Villa für ein paar Monate gemietet und wir verbrachten viel Zeit miteinander.

Vor allem aber waren wir viel in Clubs wie Pacha, DC10, Space und Amnesia. Besonders liebte ich die Abende, an denen Christian selbst auflegte. Nachdem er eine neue Platte (und damals waren es tatsächlich noch Schallplatten, die aufgelegt wurden) startete, erzählte er mir genau, warum dieser Song jetzt laufen muss, was an diesem Track so besonders ist und was dieser Track jetzt gerade angeblich mit seinem Publikum machen würde.

Auf mich übte diese Musik eine große Faszination aus. Man hörte, dass sie nicht von Musikern gemacht war, sondern von DJs, von denen die meisten noch nie ein Instrument in der Hand gehabt hatten, aber Sounds generierten, von denen ich keine Ahnung hatte, dass sie überhaupt existierten. Natürlich gab es auch Ausnahmen, also DJs, die sehr wohl Musiker waren.

Bis dahin hatte ich fast alle Instrumente auf meinen Produktionen live eingespielt und was ich nicht spielen konnte, existierte für mich praktisch nicht. Von da an lernte ich völlig neue Aspekte der Musikproduktion kennen.

Neue Tracks, die nur aus Samples aus einer Vinyl, also aus einer Schallplatte stammten, entstanden. Akkorde wurden gesampelt und ohne Rücksicht auf das Thema Harmonielehre auf verschiedenen Tonstufen gespielt. Geräusche wurden zerschnitten und geloopt, und die Funktion des Arpeggiators, eines Synthesizers, bekam einen völlig neuen Stellenwert.

WAS IST EIN ARPEGGIATOR?

Den Ursprung hat der Arpeggiator im musikalischen Begriff „Arpeggio", das einen Akkord bezeichnet, bei dem die Töne hintereinander gespielt werden. Bei einem Arpeggiator spielt man meistens einen Akkord und dieser gibt die einzelnen Töne nach einem bestimmten Muster aus.

Die ersten Arpeggiatoren finden man in Heimorgeln, Anfang der 70er. Danach wurden sie immer öfter in Synthesizer eingebaut. Heute findet man sie in den meisten DAWs, da diese seit einiger Zeit sogenannte MIDI-Effekte haben, also Effekte, die es ermöglichen, Noten zu bearbeiten. Und genau das ist es ja auch, was ein Arpeggiator macht.

Weiters finden wir sie in vielen Synthesizer-Plugins. Leider hat es die Musikindustrie bis heute nicht geschafft, eine Schnittstelle für MIDI-Effekte zu entwickeln. Nur *Ableton Live* hat die Schnittstelle *MaxForLive*, welche es erlaubt, MIDI-Effekte mit der Software *Max* zu programmieren. Deshalb gibt es heute viele kreative Arpeggiatoren, die man nur in der Software *Ableton Live* oder natürlich direkt in *Max* nutzen kann.

1982 veröffentlichte *Jean-Michel Jarre* den Song „Arpegiator", der nicht nur so heißt, sondern auch ein gutes Beispiel für einen Arpeggiator ist.

Ein eher aktuelles Beispiel für einen sehr bekannten Song mit einem Arpeggiator ist die Titelmelodie der TV–Serie *Stranger Things*.

WIE FUNKTIONIERT EIN ARPEGGIATOR?

Die meisten Arpeggiatoren sind ähnlich aufgebaut, aber es gibt auch kreative Ansätze mit neuen Funktionen. Hier geben wir einen Überblick über die gängigen Funktionen:

RATE: Die Rate bestimmt die Geschwindigkeit, mit der die Töne aufgelöst werden. Sie wird in rhythmischen Werten wie Achtel, Sechzehntel oder Triolen angegeben.

MODE: Der Modus bestimmt die Reihenfolge, in der die Töne abgespielt werden, zum Beispiel Up (von unten nach oben), Down (von oben nach unten) oder Random (in zufälliger Reihenfolge).

OCTAVE: Mit der Oktave-Funktion kann man die Anzahl der Oktaven bestimmen, die dem gespielten Ton hinzugefügt werden, wie zum Beispiel 1 oder 2.

LATCH (HOLD): Wenn die Latch-Funktion aktiviert ist, spielt der Arpeggiator die Auflösungen so lange, bis am Keyboard etwas Anderes gespielt wird.

GATE: Die Gate-Funktion bestimmt die Länge der Noten. Mit der Länge kann man die Dauer der Noten beliebig verkürzen.

Einige Arpeggiatoren haben ein Grid, in dem man auch eine spezielle Rhythmik bzw. unterschiedliche Velocity-Werte und -Längen pro Note einstellen kann.

Dies sind die wichtigsten Funktionen, aber es gibt auch andere, die sich meist selbst erklären.

Hier einige Beispiele, wie ein Arpeggiator klingen kann:

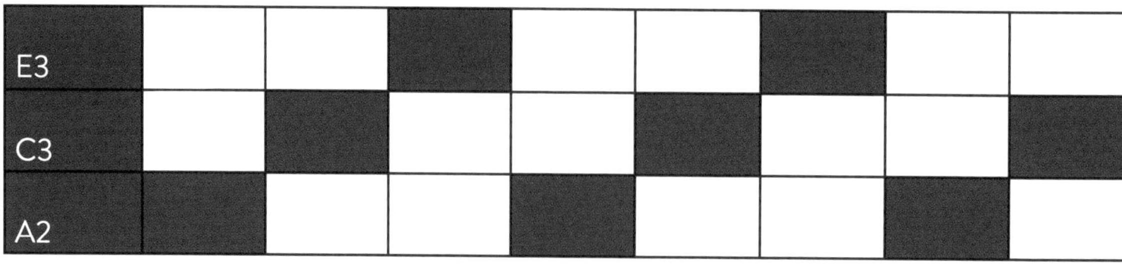

Beispiel 41: Arpeggiator in Achteln, Akkord: Am (A2, C3, E3); Rate: Achtel; Mode: Up

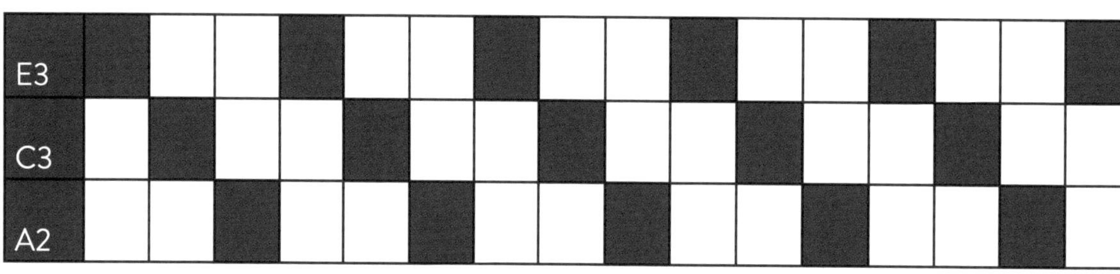

Beispiel 42: Arpeggiator in Sechzehntel, Akkord: Am (A2, C3, E3); Rate: 1/16; Mode: Down

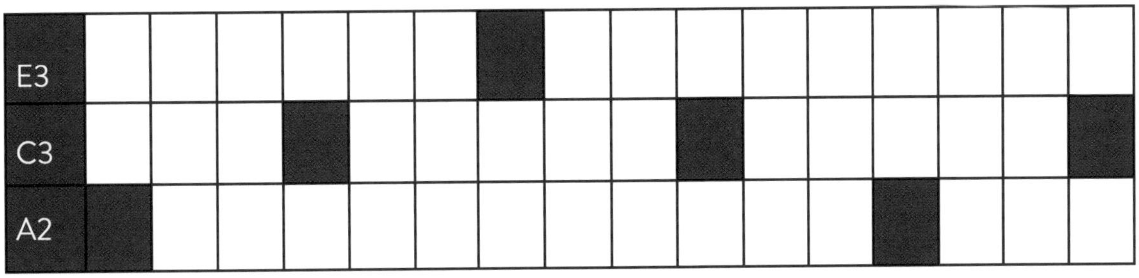

Beispiel 43: Arpeggiator in punktierten Achteln, Akkord: Am (A2, C3, E3); Rate: Achtel dot; Mode: Up&Down

DIE BEKANNTESTEN ARPEGGIATOREN

OMNISPHERE (SPECTRASONICS)

Der Arpeggiator des *Omnisphere* hat bis zu 32 Steps (Stufen). Jeden der 32 Steps kann man an- oder abschalten und mit einer Velocity versehen. Über den Velocity-Werten steht eine Zahl, mit der man für jede Note spezielle Funktionen, wie „Strumming Modifier", „Chord Voicing", „Pitch Slide", oder „Step Divider" auswählen kann. Die umfangreiche Library an Presets ist inspirierend. Allerdings kann sich darin auch auch leicht verlieren.

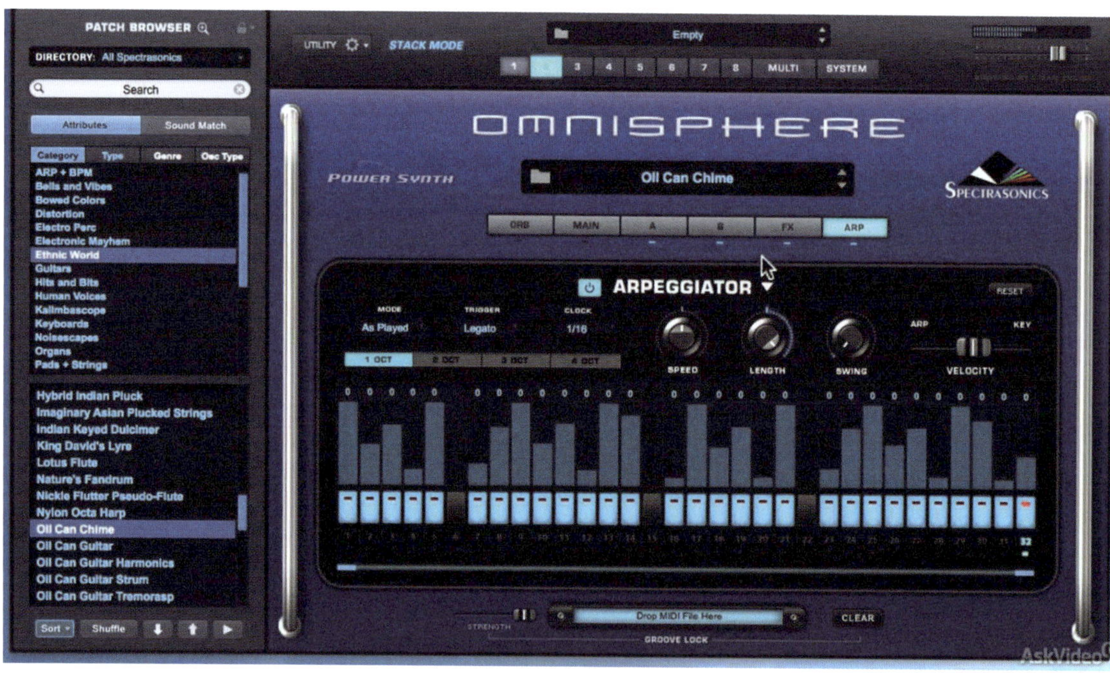

Beispiel 44: Der Arpeggiator des *Omnisphere* der Firma *Spectrasonics*

NEXUS (REFX)

Das User-Interface des *Nexus* erinnert an die Pianorolle einer DAW. Das bedeutet, man hat viele Möglichkeiten, die Sequenz des Arpeggiators in Timing, Tonhöhe, Velocity und Länge pro Note zu bearbeiten.

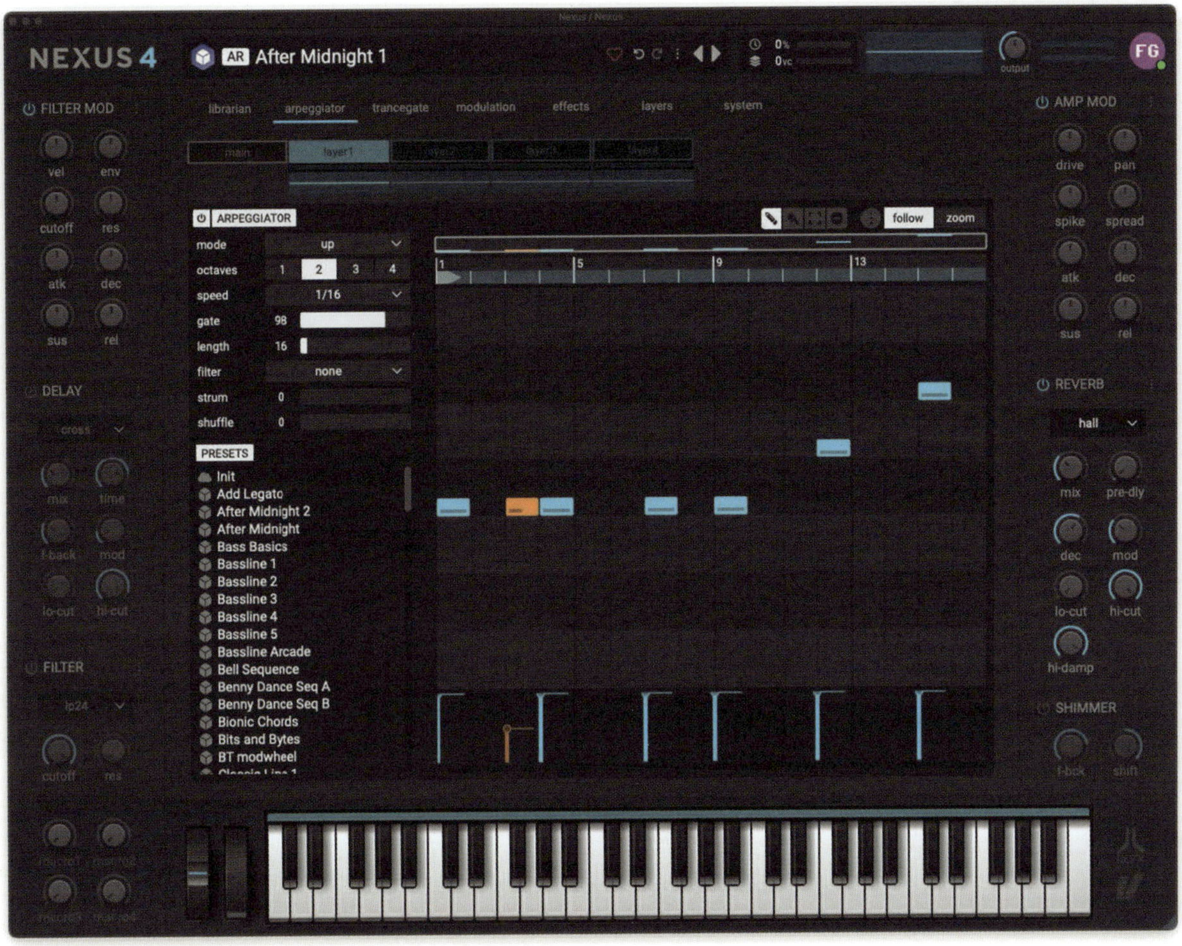

Beispiel 45: Der Arpeggiator des *Nexus 4* der *Firma reFX*

AVENGER (VENGEANCE SOUNDS)

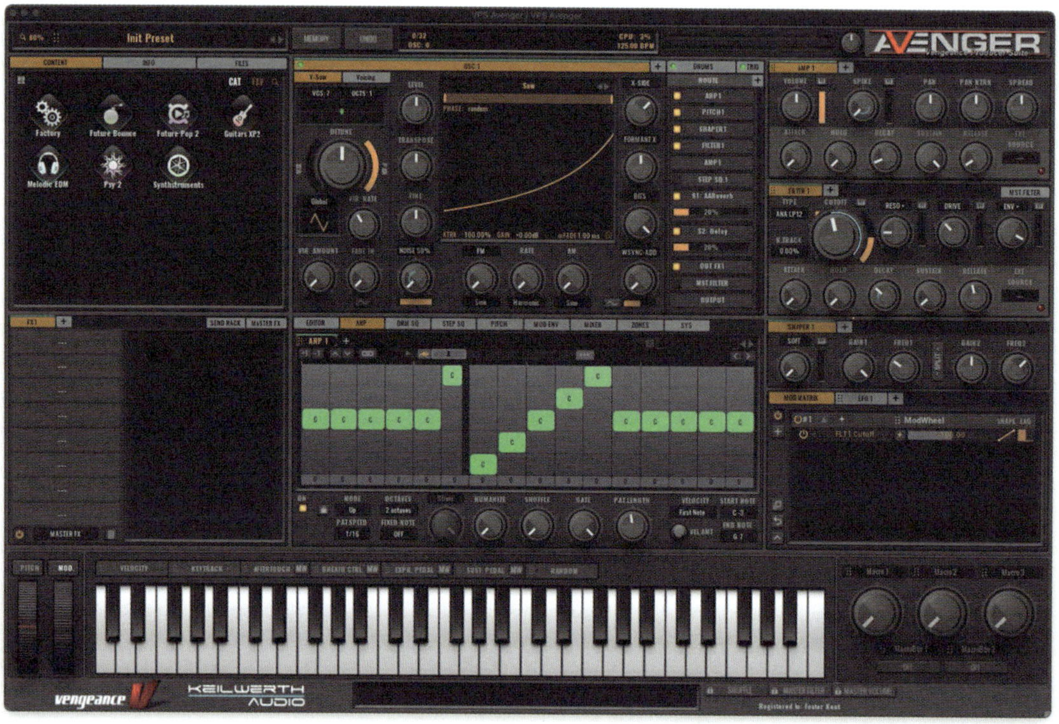

Beispiel 46: Der Arpeggiator des *Avenger* der Firma Vengeance Sounds

KOMPLETE KONTROL

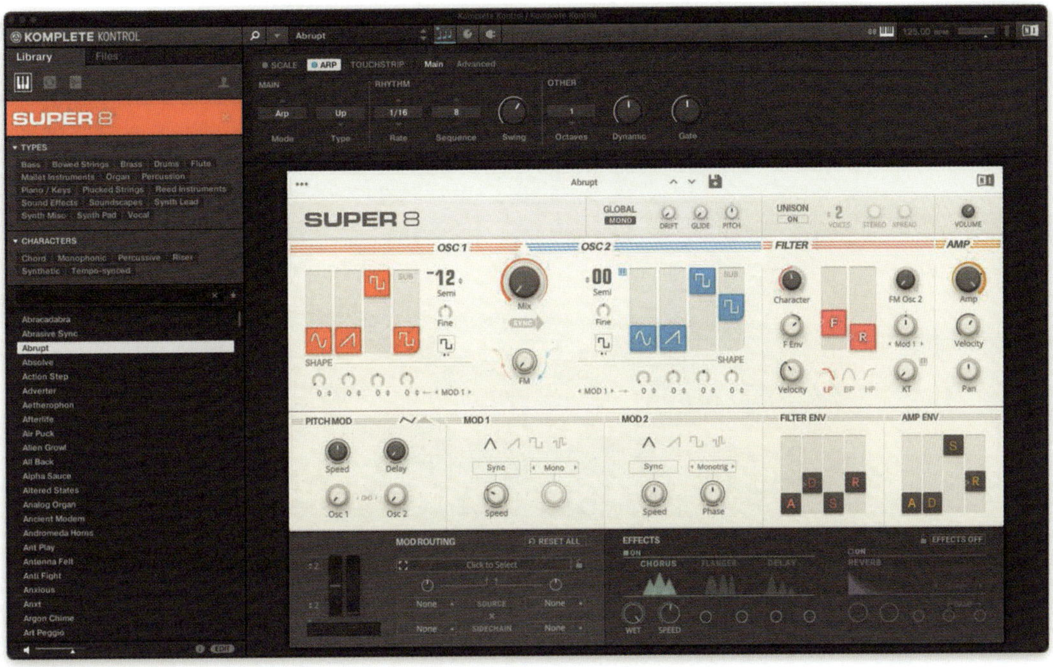

Beispiel 47: Der Arpeggiator von *Komplete Kontrol* der Firma Native Instruments

LOGIC PRO

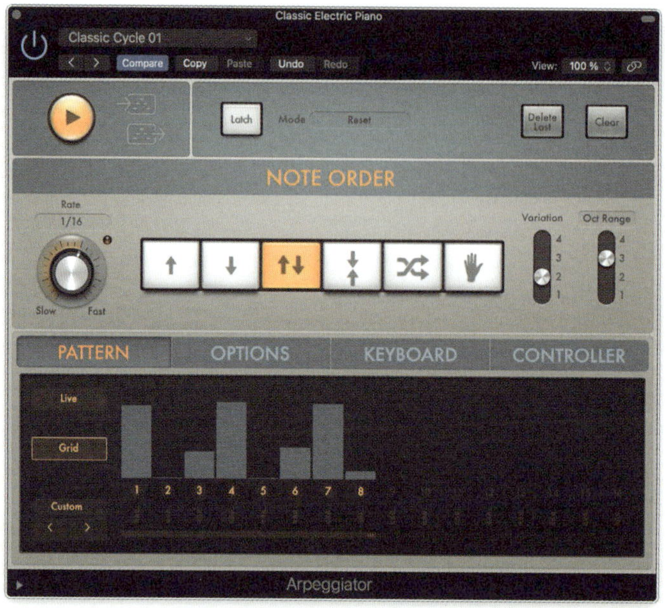

Beispiel 48: Der Arpeggiator von *Logic Pro*

ABLETON LIVE

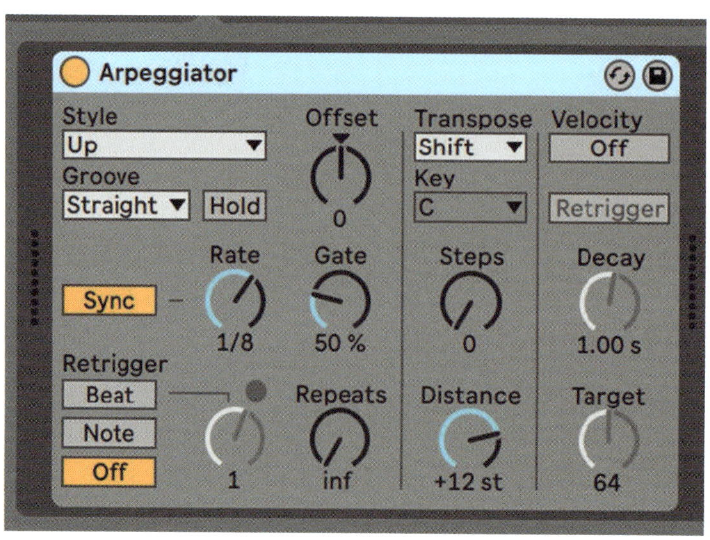

Beispiel 49: Der Arpeggiator von *Ableton Live*

Der Arpeggiator in *Ableton Live* ist sehr einfach gehalten. Er verzichtet auf ein User–Interface, in dem man eine spezielle Rhythmik erzeugen kann. Die Stärke liegt, meines Erachtens, in der schnellen und einfachen Einbindung der Automation, mit der man sehr kreativ arbeiten kann.

CUBASE

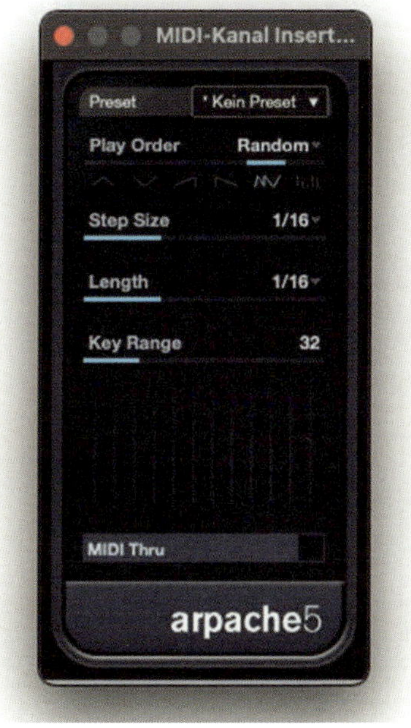

Beispiel 50: Aprach5, ein Arpeggiator von *Cubase*

WELCHEN ARPEGGIATOR VERWENDET IHR AM LIEBSTEN?	
Avenger (Vengeance Sounds)	21 %
Nexus (refx)	20 %
Arpeggiator (Ableton Live)	17 %
Omnisphere (Spectrasonics)	15 %
Ich erstelle meine Arps selbst	12 %
Arpeggiator (Logic Pro)	10 %
Scaler 2	2 %
Arpeggiator (Bitwig)	2 %
Arpeggiator (Komplete Kontrol)	1 %
Dies ist das Ergebnis einer Abstimmung in meiner Facebook-Gruppe „Thomas Foster musicproduction (german group)"	

WELCHEN ARPEGGIATOR VERWENDET IHR AM LIEBSTEN?
PETER RIES: „Meist verwende ich die internen Arpeggiator-Funktionen der jeweiligen Plugins. Mit einem speziellen Arp-Plugin habe ich mich noch nie richtig beschäftigt."
STEFFEN HARNING: „Meist den internen von Logic Pro, da ich oft mit Sylenth arbeite, auch dem internen, der wunderbar flexibel ist."
BILLY KING: „Logic. Und ich baue mir das sonst selbst alles in Logic."
WALTER MAIR: „Entweder den Arpeggiator, der in ein Plugin eingebaut ist, oder sonst auch gerne einmal Logic-interne Instrumente über Apps im iPad triggern. Auf iOS gibt es unzählige Varianten, die man auch großteils gratis testen kann. Fugue Machine ist einer der mehr advanced Arpeggiators."
KAI SOFFEL: „Ich mag den Arpeggiator von Nexus (Refx), VPS Avenger (Vengeance Sounds) und die der Firma U-HE."
ROBERT RETTBERG: „Logic, Absynth 5, Omnisphere"
HANS-MARTIN BUFF: „Mein Lieblingsspielzeug mit Bewegungsdrang ist der Waves Flow Motion FM Synth"

DER BESTE ARPEGGIATOR IST DIE PIANOROLLE

Für mich ist der beste Arpeggiator mit den meisten Möglichkeiten die Pianorolle. Das ist so natürlich nicht richtig, da ein Arpeggiator in Echtzeit funktioniert, wie zum Beispiel bei einem Live-Konzert. Aber wenn man lernt, in der Pianorolle schnell zu arbeiten, kann man zu ähnlichen und kreativeren Resultaten kommen.

Hier ein Beispiel dazu: Wir öffnen die Pianorolle, zeichnen auf der ersten Sechzehntel-Position die Note „A1", auf der zweiten „C2" und auf der dritten ein „E2". Nun selektieren wir diese drei Noten und drücken sechsmal auf „Duplizieren". Schon haben wir eine Sequenz, die sich wie ein Arpeggiator anhört. Jetzt aber können wir gezielt bei einzelnen Noten Tonhöhe, Länge oder Velocity ändern, um die Sequenz der Gesamtkomposition anzupassen. Eine Arbeitsweise, die manchmal zu viel besseren Ergebnissen führen kann.

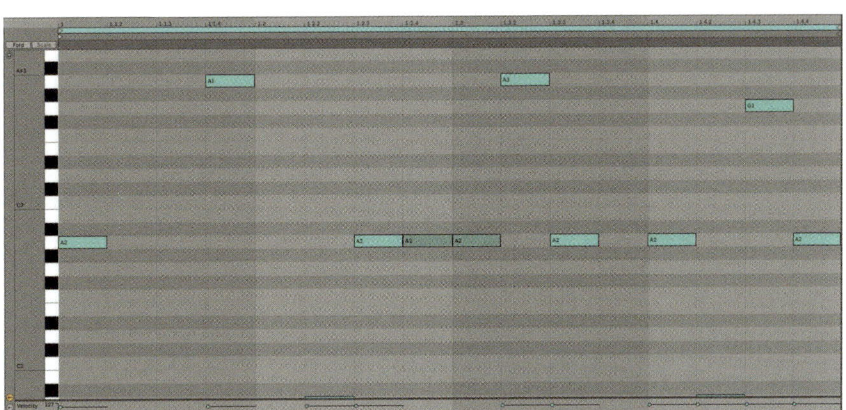

Beispiel 51: Die Pianorolle von *Ableton Live*

ES MUSS NICHT IMMER EIN GANZER AKKORD SEIN!

Meisten konzentriert man sich beim Arpeggiator auf alle bisher erwähnten Funktionen wie „Rate", „Mode", „Octave" etc. und vergisst dabei, dass man auch mit den Noten, die man in den Arpeggiator schickt, experimentieren kann.

Eine Variante wäre, die Anzahl der Töne auf zwei zu beschränken. Das müssen nicht immer zwingend zwei Töne sein, die in diesem Akkord enthalten sind. Es könnte auch einmal die „Sept", die „None", oder sogar die „Quart" sein.

Interessant wird es auch, wenn man zwei Töne auswählt, die man über mehreren Akkorde liegenlässt. Hierzu ein Beispiel:

Die Akkorde sind C – Am – F – Gsus4

Die Töne, die wir in den Arpeggiator schicken, sind „C" und „G". Im ersten Akkord, C-Dur, ist das „C" der Grundton und das „G" die „Quinte".

Im zweiten Akkord, dem „A–Moll", ist das „C" die „kleine Terz", und das „G" die „Sept".

Im dritten Akkord, dem „F-Dur", ist das „C" die Quinte und das „G" die „None".

Und im vierten Akkord, dem „G sus4", ist das „C" die „Quart" (der Ton, der den Akkord zu „Sus4" macht) und das „G" der Grundton.

Falls euch das jetzt zu viel Musiktheorie war, ist das kein Problem, denn mit einem Arpeggiator kann man schnell und einfach experimentieren und einfach hören, was gut klingt.

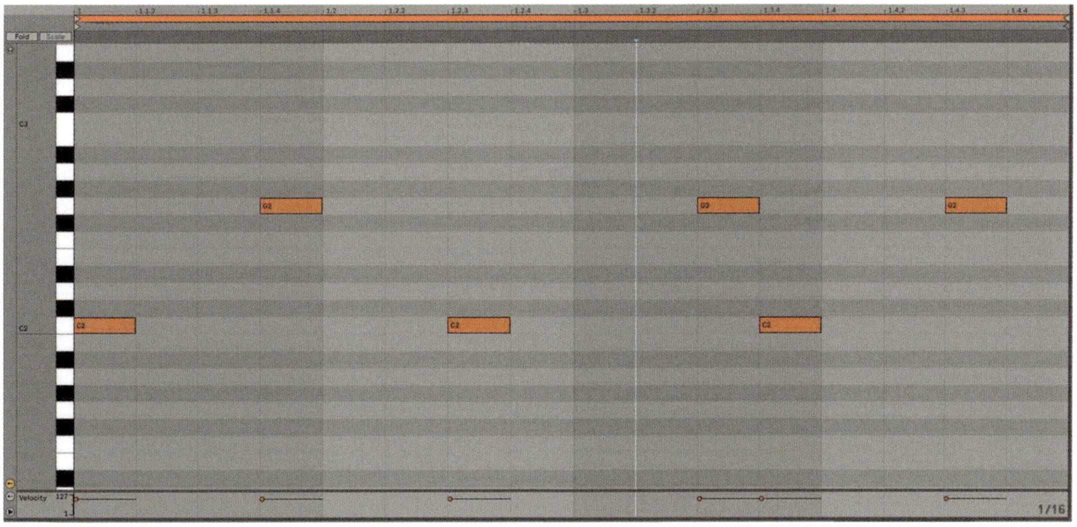

Beispiel 52: Eine Sequenz, gespielt mit zwei Tönen, in der Pianorolle von *Ableton Live*

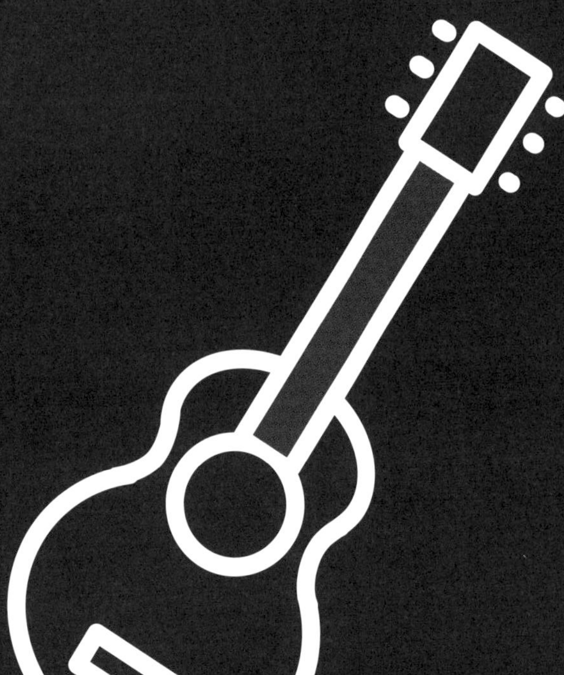

GITARRE

Peter und ich waren etwa 25 Jahre alt und hatten alle Jingles für den österreichischen Radiosender Ö3 produziert. Nachdem es damals in Österreich noch kein Privatradio gab, war Ö3 die einzige Station, die aktuelle Popmusik spielte, und 80 Prozent der Österreicher unter 50 Jahren hörten diesen Sender, da es keine Alternative gab.

„Alle" Jingles bedeutet, dass wir den Nachrichten-Jingle, der immer zur vollen Stunde lief, die Musik unter dem Wetter, unter dem Verkehr, den sogenannten „Sendungs-Opener" zu Beginn der Stunde und alle gesungenen und instrumentalen Jingles, die während der Stunde liefen, komponierten und produzierten.

Eines Morgens kam ich zu Peter und meinte „Salzburg liegt näher an Deutschland als an Wien! Warum versuchen wir nicht, Jingles für ein paar deutsche Stationen zu produzieren?" Und dann machte ich auch schon die ersten Schritte:

Wenn man über die Jingles einer Radiostation spricht, redet man auch von der „Musikalischen Verpackung". Ich rief also bei Antenne Bayern in München (damals der erfolgreichste Privatsender Deutschlands) an und fragte, wer für die Verpackung zuständig ist.

Leider war mein erster Anruf nicht von großem Erfolg geprägt, denn ich wurde zur Poststelle weitergeleitet. Aber so schnell gab ich nicht auf und so landete mein zweiter Anruf direkt bei Markus Kahn.

Markus Kahn, der damals in der Radioszene den Spitznamen „Jingles-Kahn" trug, kannte unsere Arbeit von Ö3 bereits, da er für seinen Sender gerade eine Programmbeobachtung von Ö3 machen sollte. Markus sagte zu uns: „Hey Jungs! Ich kenne eure Jingles von Ö3. Ihr macht echt gute Arbeit! Wir suchen eh gerade neue Musik für das Wetter. Warum schaut ihr nicht einfach einmal vorbei und wir quatschen ein bisschen?"

Gesagt, getan! Wir produzierten mehr als fünf verschiedene Versionen für eine neue Wetter-Musik und fuhren nach München, in die heiligen Hallen von Antenne Bayern.

Markus war eine sehr beeindruckende Persönlichkeit. Alles an seiner Person erinnerte an Balu, den Bären aus dem Dschungelbuch: die Stimme, der Charakter und (ich denke, Markus gestattet mir diese Aussage) auch seine Figur.

Beim Eintreten in das Produktionsstudio wunderte ich mich über die lange Tafel, die an der Wand hing. Die längste, die ich je gesehen hatte. Markus fühlte sich vom ersten Moment wie ein guter Kumpel an, ein Freund, mit dem man gerne Zeit verbrachte. Er hörte sich aufmerksam unsere Produktionen an und meinte dann: „Das finde ich alles sehr interessant, aber bei uns muss das aber alles etwas anders sein."

Er stand auf, nahm einen Stift in die Hand und ging zum linken Ende der Tafel und begann Dreiecke und Vierecke an die Tafel zu malen.

„Bei uns beginnt alles mit eine ‚Stager'. Dann nutzen wir einen ‚Sweeper', um von dem ‚Bumper' in das ‚Bed' zu kommen." Die Aufzählung der noch nie gehörten englischen Fachbegriffe ging weiter, bis er mit seiner Malerei am rechten Ende der sicher mindestens vier Meter langen Tafel angekommen war. „Habt ihr das verstanden?"

Peter und ich nickten und meinten letztendlich: „Nein!"

„Gut!", meinte Markus, „Dann gehen wir jetzt in den Biergarten." Was die darauf folgenden zwei Stunden passierte, lässt sich nur schwer in Worte fassen: Weißbier und Schnaps wurde in Rekordgeschwindigkeit bestellt und vernichtet. Um halbwegs mithalten zu können, gossen wir immer, wenn wir uns unbeobachtet fühlten, die Blumen des Biergartens mit diesen Getränken.

Nachdem wir trotz unserer Gärtnerarbeiten schon ziemlich im Öl waren, meinte Markus: „Außerdem muss euer Sound noch erdiger werden! Ihr braucht einfach mehr Gitarren".

In den Wochen und Monaten danach waren wir in Österreich die wohl besten Auftraggeber für Gitarristen. Und genau darum soll es in diesem Kapitel gehen: um die Gitarre.

AKUSTISCHE GITARRE

Zunächst unterscheidet man zwischen der klassischen Gitarre und der Westerngitarre. Die klassische Gitarre verwendet Nylon- oder Carbon-Saiten und klingt daher weicher und sanfter als die Western Gitarre, die mit Stahlsaiten gespielt wird und daher einen helleren und metallischen Klang hat.

Weiters spielt es eine große Rolle, ob die Gitarre mit Fingern oder einem Plektrum gespielt wird. Auch hier erzeugt man mit dem Plektrum einen härteren und Oberton–reicheren Sound als mit den Fingern.

Die in der Popmusik wohl am häufigsten verwendete Spielart sind die rhythmisch gespielten Akkorde. Wobei es aus meiner Erfahrung wichtig ist, mit der Rhythmik zu experimentieren und sich nicht mit der einfachsten und erstbesten Rhythmik zufriedenzugeben.

Beispiel: „Faith" von *George Michael*

Meistens klingen akustische Gitarren im Mix am besten, wenn man sie zweimal einspielt und eine Gitarre auf die linke Seite und die andere auf die rechte Seite des Stereomixes dreht. Das erzeugt einen sehr vollen und breiten Sound.

Gerne setze ich auch zwei akustische Gitarren ein, die Achtelnoten in Quinten spielen, so zu hören in Adeles „Rolling in the Deep".

Wenn man auf der akustischen Gitarre wenn man Akkorde arpeggiert, also die einzelnen Töne des Akkordes hintereinander spielt, erzeugt man meist einen sehr intimen balladenartigen Sound.

Und natürlich eignet sich die akustische Gitarre auch perfekt dazu, Melodien zu spielen. Sehr gerne nehme ich diese auch in zwei unterschiedlichen Oktaven auf, um einen volleren Klang zu erzeugen. Auch diese kann man im Mix nach außen „pannen", also zum Beispiel die hohe Gitarre auf die linke Seite des Stereomixes und die tiefe Gitarre auf die rechte.

Aufgenommen wird die akustische Gitarre mit einem oder mehreren Mikrofonen. Einige akustische Gitarren haben auch einen elektronischen Tonabnehmer, den man auf einer eigenen Audio-Spur aufnehmen kann, um ihn dann mit dem Mikrofonsignal mixen zu können.

DIE UKULELE – STEFAN RAAB ODER HAWAII

Die Ukulele kennen bestimmt noch viele von dem berühmten „Raabigramm“, bei dem *Stefan Raab* sich selbst mit dieser kleinen Gitarre mit vier Saiten begleitete. Man kennt sie vielleicht aber auch von dem hawaiianischen Cover „Somewhere over the Rainbow” von *Israel IZ Kamakawiwo'ole* .

Beispiel: „Somewhere over the Rainbow“ von *Israel “IZ” Kamakawiwo'ole*

Im Prinzip ist die Ukulele der akustischen Gitarre sehr ähnlich, hat aber nur vier Saiten, ist kleiner und klingt daher höher als die akustische Gitarre. Meistens spielt man auf der Ukulele einfach die Akkorde und erzeugt dabei einen höheren und intimeren Sound als die akustische Gitarre.

DIE E-GITARRE

Die zwei wichtigsten Modelle der E-Gitarre sind die *Stratocaster* der Firma *Fender* und die *Les Paul* der Firma *Gibson*. Der Sound der *Stratocaster* wird als „glasig“ und hell beschrieben, während die Gibson einen „mittigen“ Klang hat.

Hier ein paar bekannte Gitarren Riffs der *Stratocaster* der Firma *Fender*:

- „Walk This Way“ von *Aerosmith*
- „Le Freak“ von *Chic*
- „Smoke on the Water“ von *Deep Purple*

Und hier ein paar Beispiele für bekannte Gitarren Riffs der *Les Paul* der Firma *Gibson*:

- „All right now“ von *Free*
- „Money for nothing“ von *Dire Straits*
- „Hold the line“ von *Toto*

Viel entscheidender für den Klang, ist die Frage, wie stark die Gitarre verzerrt wird.

Man unterscheidet zwischen:

- clean – nicht verzerrt
- crunchy – leicht verzerrt
- verzerrt – stark verzerrt

Die am häufigsten verwendeten Spielarten der Gitarre würde ich wie folgt benennen:

POWER CHORDS:

Dabei werden meistens der Grundton auf der ersten Seite und die Quint auf der zweiten Seite mit einem stark verzerrten Sound gespielt. Diese werden entweder in Achtelnoten gespielt oder einmal pro Akkord gespielt und bis zum nächsten Akkord gehalten.

Beispiel: „Du Hast" von *Rammstein*

auf Youtube: https://youtu.be/W3q8Od5qJio?t=17

FUNK-CHORDS

Die Akkorde werden mit einem rhythmischen Muster, mit einem cleanen, also einen nicht verzerrten Sound, gespielt.

Beispiel: „Kiss" *von Prince (ab 2:11)*

auf Youtube: https://youtu.be/5PaAQE2_mVo?t=132

SINGLE-NOTES

Eine Note wird in Achtel oder Sechzehntel mit einem rhythmischem Pattern gespielt. Manchmal wird die Note dabei auch variiert, so dass eine kleine Melodie entsteht.

Beispiel: „Don't Stop Till You Get Enough" *von Michael Jackson*

zu hören auf Youtube: https://youtu.be/yURRmWtbTbo?t=25

Man kann Single-Notes auch in Oktaven spielen, wodurch ein vollerer Sound erzeugt wird.

Beispiel: „Music Sounds Better With You" *von Stardust*

zu hören auf Youtube: https://youtu.be/Hf244LCkkLc

WAH WAH

Wah Wah bezeichnet ein Effekt-Pedal für Gitarristen, bei dem man mit dem Fuß einen Filter mit einer hohen Resonanz steuert.

Beispiel: „Waterfalls"*von TLC*

auf Youtube: https://youtu.be/8WEtxJ4-sh4?t=17

ARPEGGIOS

Wie bereits im Kapitel Arpeggiator besprochen, steht das Wort Arpeggio für die Auflösung eines Akkordes. Diese Spielart der Gitarre ist gerade auch in aktuellen Produktionen sehr häufig zu finden.

Beispiel: „Sugar" *von Robin Schulz*

zu hören auf Youtube unter https://youtu.be/bvC_0foemLY

DER KLANG DER E-GITARRE

Der klassische Weg, eine E-Gitarre aufzunehmen, ist, sie über einen Verstärker zu spielen und mit einem Mikrofon aufzunehmen. Bei einigen großen Produktionen, speziell in der Rockmusik, wird das auch heute noch so gemacht. Viele Gitarristen schwören auch auf die sogenannten „Bodentreter". Das sind die kleinen bunten Geräte, die ein Gitarrist oft bei einem Livekonzert mit dem Fuß drückt, um den Sound zu ändern. Natürlich kann man diese beiden Techniken auch mischen.

Der einfachste Weg, mit dem man schneller zu einem guten Klangresultat kommt, ist, sogenannte Amp-Simulationen (Verstärker-Simulationen) zu verwenden. Dabei unterscheidet man zwischen Hardware-Geräten, wie den *Kemper*, oder Softwarelösungen, die man in seiner DAW findet oder als externe Plugins in seine DAW laden kann.

Hier ein kurzer Überblick über die wichtigsten Tools, die man als Software nutzen kann:

GUITAR RIG

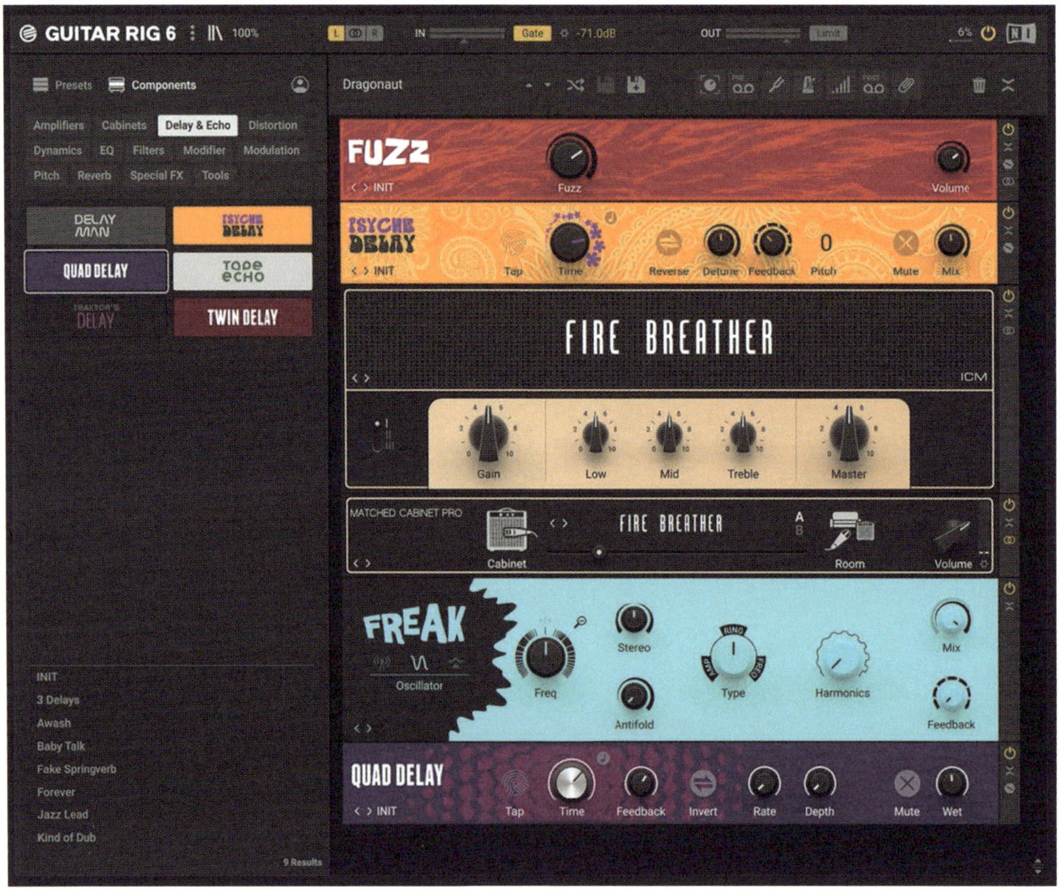

Beispiel 53: *Guitar Rig 6* von *Native Instruments*

AMP DESIGNER

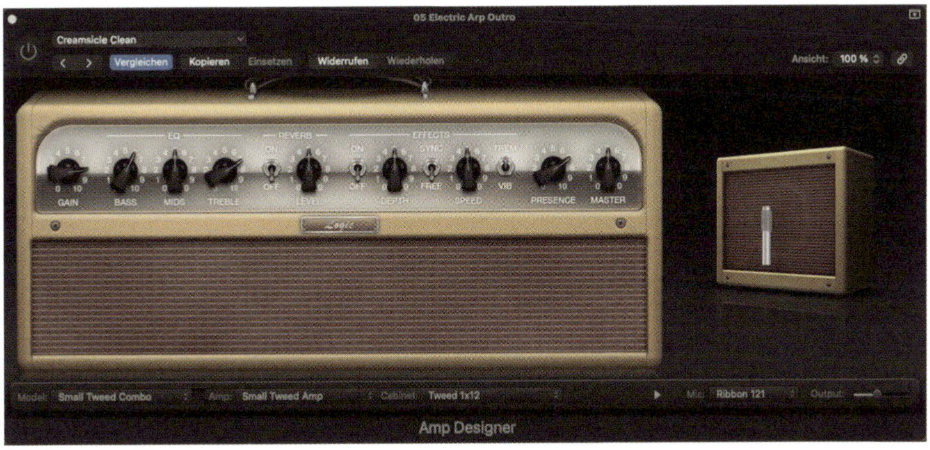

Beispiel 54: Der *Amp Designer* von *Logic Pro*

PEDAL BOARD

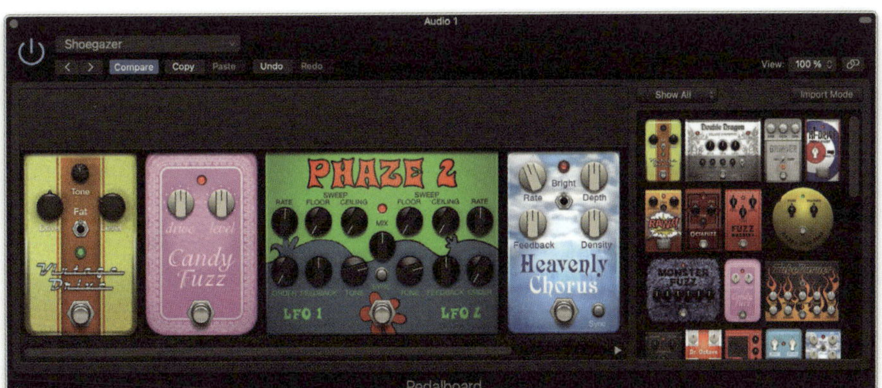

Beispiel 55: Das *Pedalboard* von *Logic Pro*

AMP

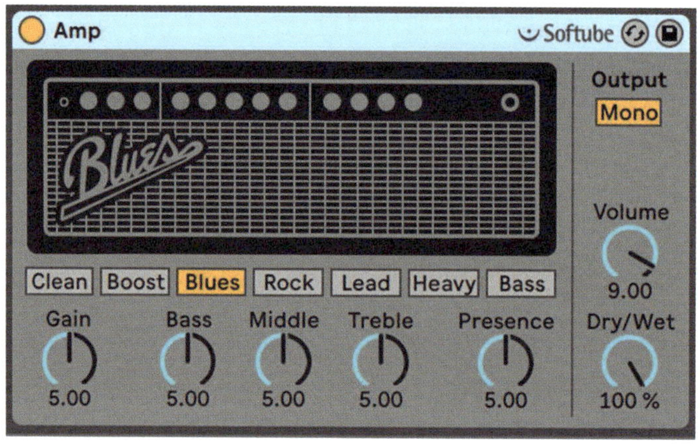

Beispiel 56: Der *Amp* von *Ableton Live*

CLA

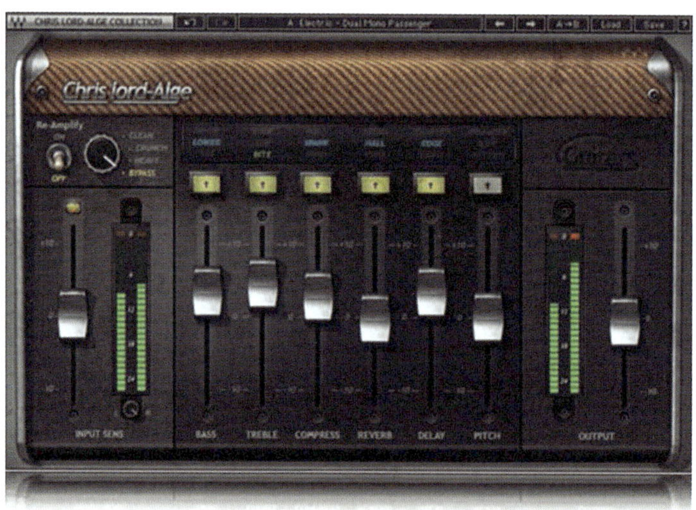

Beispiel 57: *CLA Guitars* von *Waves*

WAS SIND EURE LIEBLINGSTOOLS ZUM BEARBEITEN VON GITARREN SOUNDS?	
Guitar Rig (Native Instruments)	74 %
Amp (Ableton Live)	8 %
Amp Designer (Logic Pro - Apple)	6 %
Pedalboard (Logic Pro - Apple)	4 %
Neural DSP Plugins	2 %
Bias Amp (Positive Grid)	2 %
S-Gear (Scuffham)	2 %
Rhino (Auroradsp)	2 %

Dies ist das Ergebnis einer Abstimmung in meiner Facebook-Gruppe
„Thomas Foster musicproduction (german group)"

VERWENDET IHR IRGENDWELCHE PLUGINS ZUM ERZEUGEN VON GITARREN-SOUNDS? UND WENN JA, WELCHE?
KLAAS GERLING: „Realstrat“
CHRISTIAN HAMM: „Kemper Profiler, STL Tonality, Overloud, Guitar Rig“
PETER RIES: „Auch bei den Gitarren stehe ich besonders auf die atmosphärische Abteilung. Ich habe einen Grundsound im Omnisphere editiert und ihn Ambient Coldplay GTR genannt. Sehr schöner warmer Sound für schwebend Gitarren-Riffs und Melodien. Ansonsten verwende ich für Gitarren Sounds die üblichen Verdächtigen: Native Instruments Electric Vintage, Electric Sunburst. Auch zum Einsatz kommen bei mir die PlugIns von Ample Sound Ample Guitar SC, Ample Guitar T.“
KAI SOFFEL: „Gitarren nehme ich am liebsten über die Hardware von Kemper auf.“
STEFFEN HARNING: „Ich mag von der Kontakt Library den Electic Sunburst sehr gerne, sonst spiele ich Gitarren immer selbst ein. Das ist schneller und man ist flexibler.“
BILLY KING: „Selten. Mein alter Kumpel ist Peter Weihe – das geht schneller und klingt tausendmal besser! Für Demos sonst NI Session Guitarist. Oder ich spiele selber mit Kemper oder Guitar Rig.“
WALTER MAIR: „Immer die eigene Gitarre, auch wenn ich kaum mehr als 4 Akkorde spielen kann. Es geht mir hier bei meistens um Effekte und Sounddesign. Für richtige Gitarren Tracks lasse ich immer einen Gitarristen oder eine Gitarristin die Parts einspielen. Geht auch sehr gut remote, was Zeit spart.“
JULIUS MALDEGHEM: „So ziemlich alle von Native Instruments. Hier gibt es verschiedene Strummed Guitars, Fingerstyle und auch elektrische Gitarren. Alle sind sehr gut.“
ROBERT RETTBERG: „Electric Guitar – electric vintage, electric sunburst, evolution strawberry, stratus, Apple Acoustic Guitar - Picked Acoustic, Strummed Acoustic 2, Sketch Nylon, Apple“
HANS-MARTIN BUFF: „Ich nutze Scuffham S-Gear, Avid SansAmp PSA-1 und Waves Gtr.“

MENSCH ODER MASCHINE

Wir leben in einer Zeit, in der immer mehr Instrumente von Plugins so gut simuliert werden, dass immer weniger Musiker an den Original-Instrumenten zum Einsatz kommen. Selten macht sich noch jemand die Arbeit, ein echtes Klavier mit Mikrofonen aufzunehmen. Bei vielen großen Hollywoodfilmen hören wir eine Mischung aus echtem Orchester und dem Sound verschiedener Orchester-Sample-Libraries. Bei kleineren Produktionen wird oft das ganze Orchester am Computer simuliert.

Aber wo stehen wir heute, wenn es um die Entscheidung zwischen „echter Gitarre" und „Gitarre aus dem Plugin" geht? Um diese Frage zu beantworten, möchte ich gerne aufzeigen, wie sich das Thema Gitarre im Alltag der Firma Foster Kent entwickelt hat.

In den 90er-Jahren und Anfang der 2000er gab es nur wenige Produktionen, bei der nicht ein echter Gitarrist mitgewirkt hat. Etwa 2010 habe ich mir eine E-Gitarre mit einem Kemper-Verstärker gekauft, um selbst in der Lage zu sein, für unseren Produktionen zu spielen. Zwar bin ich kein guter Gitarrist, aber mithilfe der technischen Möglichkeiten (Time-Stretching, Pitching, Aufnehmen auf mehreren Spuren etc.), war das Ergebnis oft besser als bei so manchen Profigitarristen, die zwar besser spielten, aber oft nicht so ein gutes Gefühl dafür hatten, was das jeweilige Arrangement noch braucht, um gut zu klingen.

Als die ersten Plugins, die Gitarren simulierten, auf den Markt kamen, haben wir sofort damit gearbeitet. Trotzdem haben wir zusätzlich echte Gitarristen aufgenommen bzw. habe auch ich für einigen Produktionen Gitarre eingespielt.

Die Plugins haben wir nicht aus Kostengründen verwendet, sondern weil sie teilweise besser geklungen haben als das, was wir selbst aufgenommen haben. Das beste, so schien es uns, war die Mischung aus Mensch und Maschine. Die Perfektion und der fette Sound des Plugins, zusammen mit der Lebendigkeit des Musikers, hat bei vielen Produktionen zum besten Resultat geführt.

Heute arbeiten wir sehr viel mit Plugins von Firmen wie *Native Instruments oder 8dio*.

Nur selten buchen wir echte Musiker, da es in der Praxis viel zu viel Zeit kostet, einen Musiker zu buchen und dann zwei bis drei Tage zu warten, bis eine Aufnahme zustande kommt.

Leider nehme ich mir auch immer seltener die Zeit, die Gitarre anzuschließen, zu stimmen und selber einzuspielen.

Aber das liegt natürlich auch daran, dass wir viel Pop- und Club-Musik produzieren. Ich kenne ich zum jetzigen Zeitpunkt noch niemanden, der bei Jazz- und Rock-Produktionen die Gitarren ausschließlich mit Plugins umsetzt.

Hier ein Überblick der beliebtesten Tools, um Gitarre zu simulieren:

ELECTRIC VINTAGE

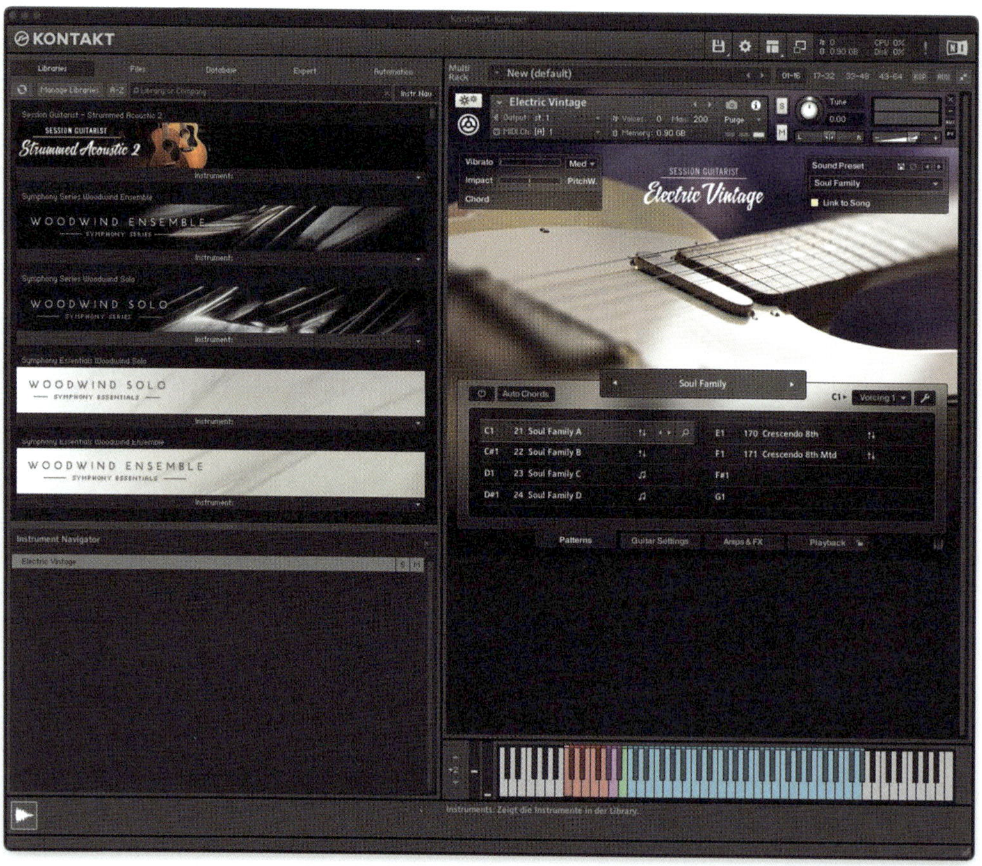

Beispiel 58: *Electric Vintage* von *Native Instruments*

ELECTRIC SUNBURST

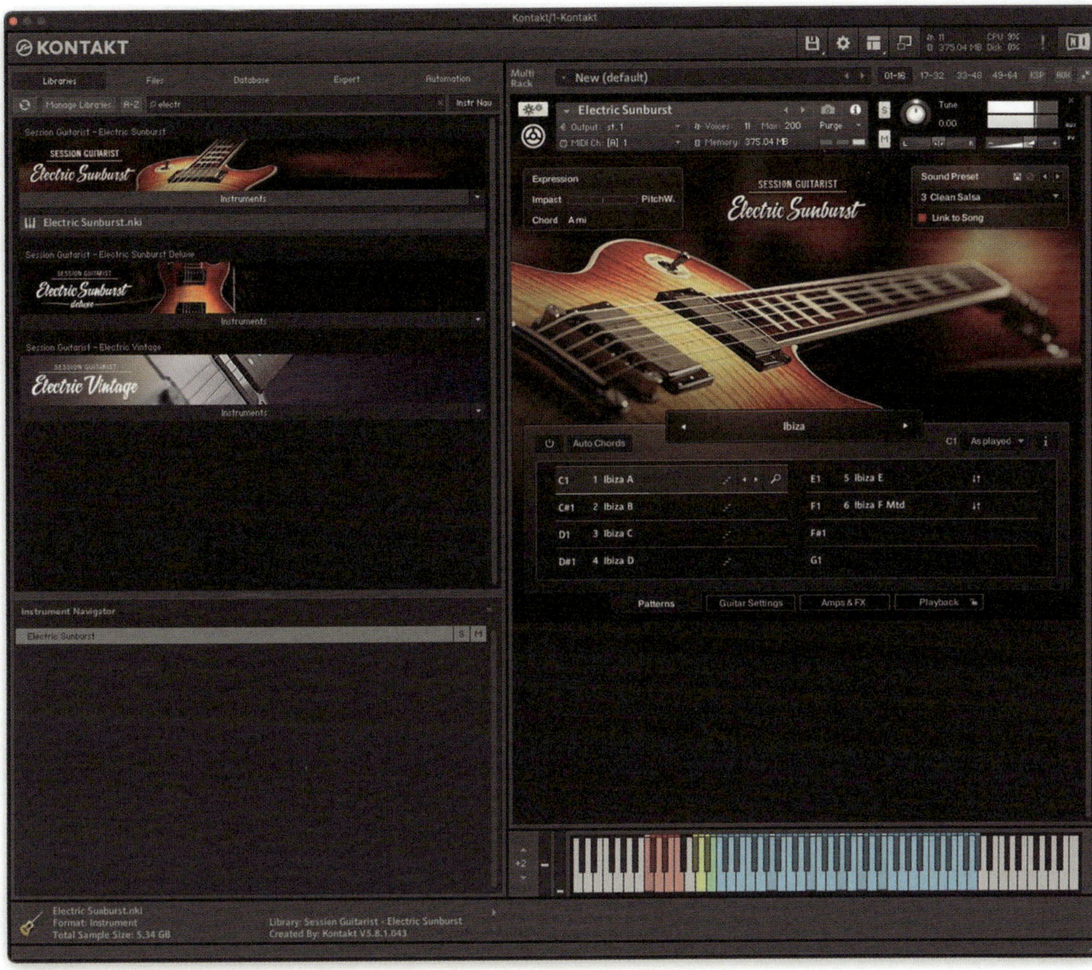

Beispiel 59: Electric *Sunburst* von *Native Instruments*

PICKED ACOUSTIC

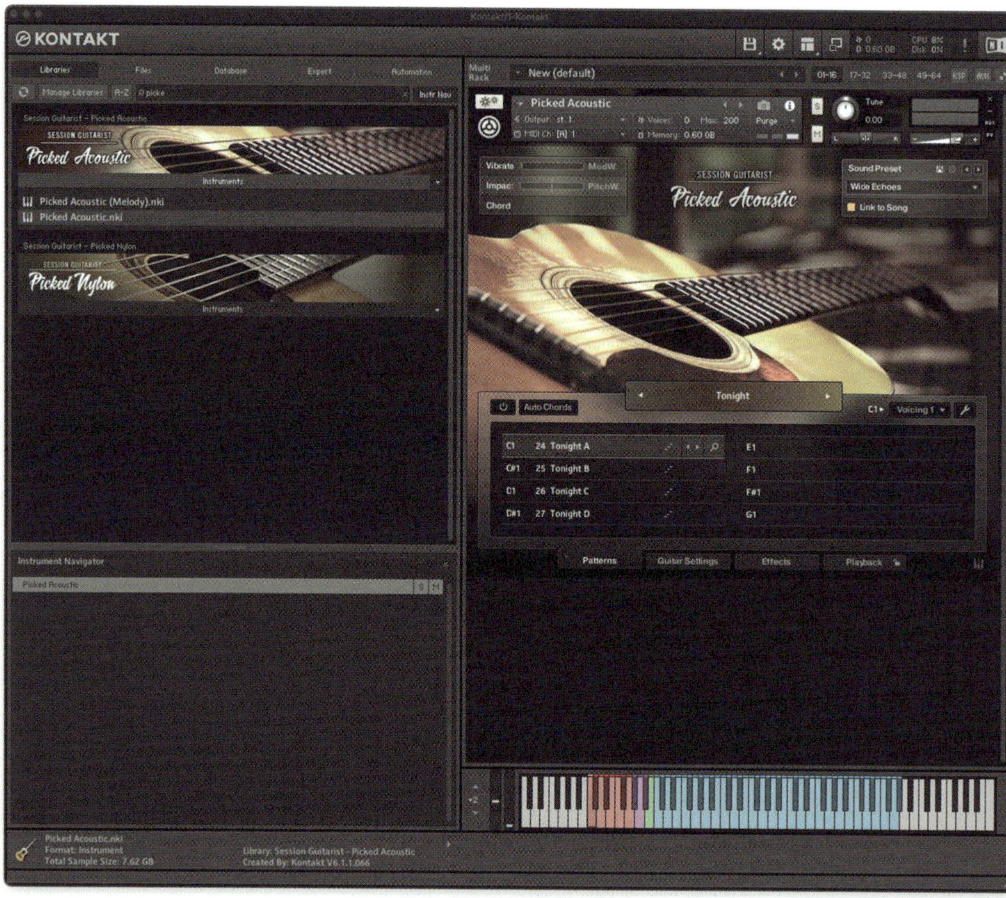

Beispiel 60: *Picked Acoustic* von *Native Instruments*

STRUMMED ACOUSTIC 2

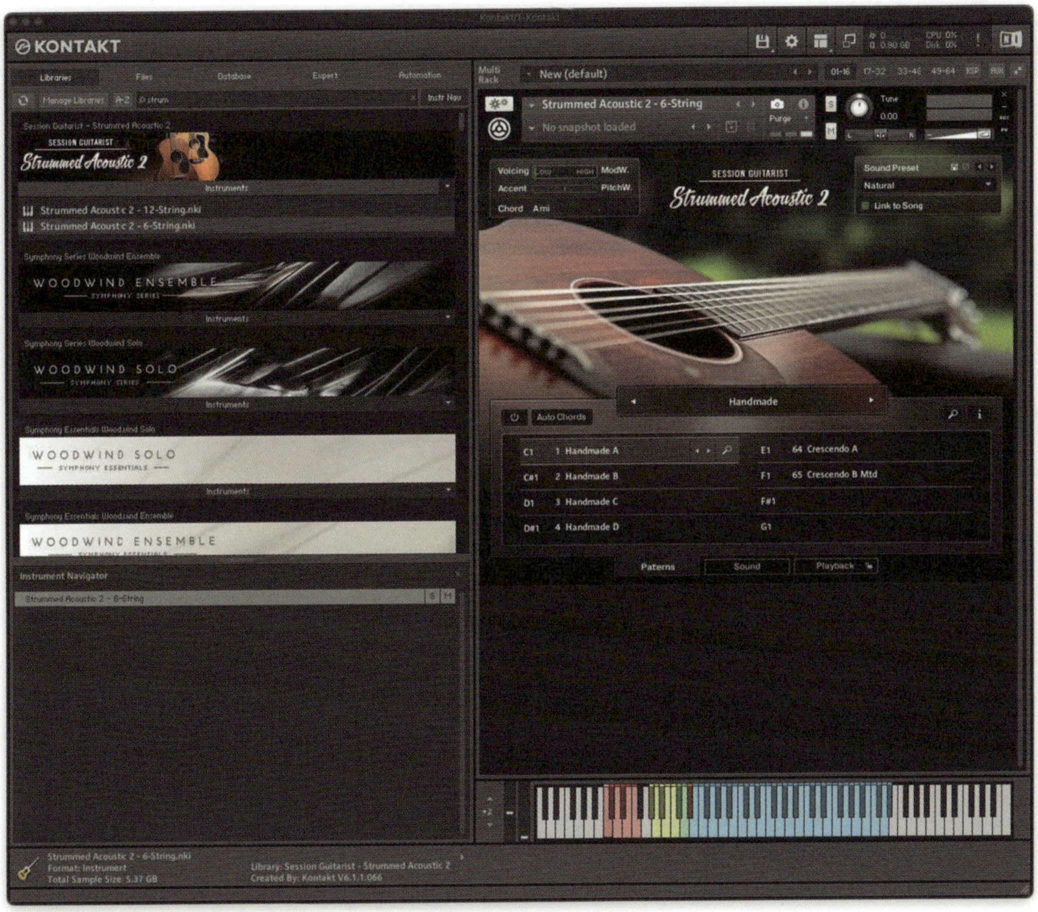

Beispiel 61: *Strummed Acoustic 2* von *Native Instruments*

WELCHE LIBRARIES/PLUGINS VERWENDET IHR FÜR GITARREN-SOUNDS?	
Ich spiele selbst Gitarre	30 %
Was ich in meiner DAW so finde	26 %
Session Guitarist (Native Instruments)	17 %
Session Guitarist – Electric Sunburst (Native Instruments)	11 %
Real Guitar	8 %
Ample Guitar (Ample Sound)	5 %
Keyscape (Spectrasonics)	3 %
Dies ist das Ergebnis einer Abstimmung in meiner Facebook-Gruppe **„Thomas Foster musicproduction (german group)"**	

„WAS IST DER UNTERSCHIED ZWISCHEN EINEM GITARRISTEN UND EINEM TERRORISTEN?
– MIT DEM TERRORISTEN KANN MAN VERHANDELN."

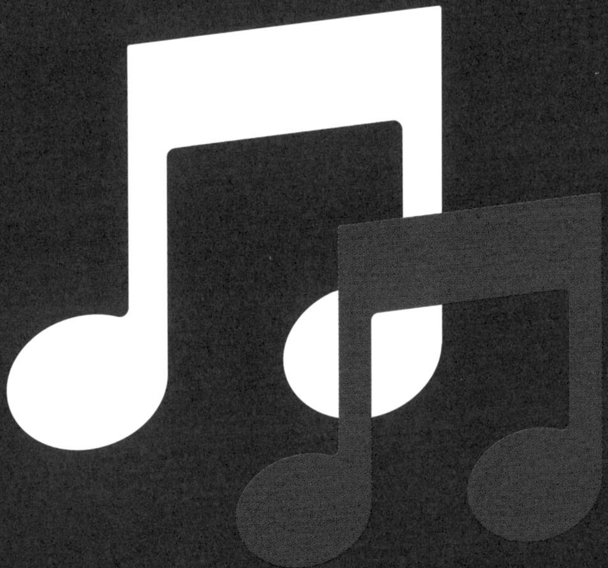

MELODIE

Anfang der 90er weckte mich Peter, mit einem Zettel in der Hand, und sagte: „Das ist es! Das ist unser Ding!" Ich war noch nicht so richtig anwesend und daher nicht in der Lage, zu fragen, wovon er sprach. Meine Gedanken kreisten mehr um Fragen wie: „Wie heiße ich? Wo bin ich? Und was habe ich falsch gemacht, dass ich so geweckt werde?"

„Die zwei österreichischen Fernsehsender FS 1 und FS 2 werden in ORF 1 und ORF 2 unbenannt und dafür benötigt der ORF ein akustisches Design, also neue Jingles für das gesamte Programm. Das beinhaltet die Anfangsmusik für die Nachrichten, das Wetter, die Kindersendungen, sowie für sämtliche Magazine.

Und weißt du, wer diese Ausschreibung gewinnen wird? Wir werden das gewinnen!" So langsam kam ich zu mir und war beeindruckt, meinen Partner so überzeugt von einer Sache zu sehen wie nie zuvor.

Wie ich später erfahren habe, haben über 500 Menschen an dieser Ausschreibung teilgenommen. Jeder wollte das neue Design für das neue Fernsehen produzieren.

Wir schafften es, einen Termin beim ORF in Wien zu bekommen, bei dem wir den ORF-Mitarbeiter, der für diese Ausschreibung zuständig war, kennenlernten: Herrn Russ.

Herr Russ war ein sehr freundlicher älterer Herr mit einer ruhigen und tiefen Stimme. Ich stellte eines Tages die Theorie auf, dass man ihn am Telefon nur schwer verstehen kann, da so tiefe Frequenzen vom Telefon überhaupt nicht mehr übertragen werden.

Man merkte sehr schnell, dass Herr Russ uns mochte und Gefallen daran fand, dass zwei so junge Buben aus Salzburg sich mit so einer Begeisterung dieses Themas annahmen.

„Gewinnen wird die Person, die es schafft, eine Tonfolge aus einem bekannten Lied, das man mit Österreich verbindet, zu finden, und diese in jedem Jingle, egal ob Nachrichten- oder Wetter-Jingle, zu integrieren", meinte Russ mit bestimmten Tonfall.

In den folgenden Tagen führten wir mit Freunden und Familienmitgliedern Diskussionen darüber, welche Lieder es gibt, die jeder kennt und die man mit Österreich verbindet. Nach kurzer Zeit stand fest: Niemand kennt die österreichische Nationalhymne!Aber jeder kennt den Donauwalzer und bringt ihn eindeutig mit Österreich in Verbindung.

Die markantesten vier Töne des Donauwalzers, A, C#, E, E, eigneten sich perfekt als Kennung für ORF 1. Es war fast so, als hätte man den Wortlauf „ORF 1" mit einer Melodie zum Singen versehen. Das schien die perfekte Lösung für diese Aufgabe zu sein! In den darauffolgenden Wochen drehte sich bei uns alles um Fragen wie: „Wie kling diese Melodie als Nachrichten-Signe?", „Wie klingt die sich daraus ergebende ORF-Kennung? und „Wie klingt der Donauwalzer in all den anderen Kennungen?". Da Herr Russ uns mochte, durften wir immer wieder zu Besuch kommen und unsere Vorschläge mit ihm diskutieren.

Die letzten Tage vor dem Abgabe-Termin unserer Produktion verbrachten wir damit, ein grafisches Konzept zu erstellen und eine Möglichkeit zu finden, unsere Jingles auf CD pressen zu lassen, um sich auch schon durch die Präsentation von den anderen abzuheben. Tatsächlich gab es damals nur sehr wenige Möglichkeiten, etwas auf CD pressen zu lassen. In Salzburg war das nur im ORF-Landesstudio Salzburg möglich. Also fuhren wir dorthin, um unsere Jingles auf CD zu pressen und dann die Zentrale, das ORF-Landesstudio Wien, damit zu beeindrucken, was, wie wir aus späteren Gesprächen erfahren durften, auch tatsächlich funktionierte.

Nach der Abgabe unserer Arbeit dauerte es mehrere Monate, bis der ORF zu einer Entscheidung kam. Dadurch hatten wir viel Zeit, uns neuen Themen zu widmen, und wir hatten ein wirklich spannendes Thema: Wir wollten nach Los Angeles ziehen, um Filmmusik für Hollywood zu produzieren.

Also reisten wir nach Los Angeles, suchten uns dort eine Wohnung, in der wir uns ein kleines Studio einrichten konnten. Wir versuchten, einen Termin bei unserem Idol Hans Zimmer zu bekommen, und taten, was immer uns einfiel, um unseren Ziel, Filmmusik für einen Hollywood-Film zu produzieren, näher zu kommen.

Die Ausschreibung für den ORF hatten wir bereits total vergessen. Unser Leben drehte sich nur noch um L.A. und die Filmmusik. Für zwei kleine Jungs aus einem Vorort von Salzburg namens Eugendorf, war L.A. eine unglaublich beeindruckende Welt. Ich kann mich heute noch daran erinnern, dass wir damals mit einem Cabrio auf dem Santa Monica Boulevard in den Sonnenuntergang fuhren und zum ersten Mal Sheryl Crow singen hörten "All I wanna do is have some fun until the sun comes up over Santa Monica Boulevard".

Ich war geistig gerade in den Tiefen von L.A. und unserer Filmmusikkarriere, als mein Telefon läutete und eine tiefe Stimme zu mir sagte: „Wir haben nun entschieden, wer die Ausschreibung zum neuen ORF-Design gewonnen hat." Und dann wurde die Stimme unglaublich dramatisch und sagte „And the Oskar goes to... ". Russ wusste, dass wir in L.A. waren, und machte nochm al eine lange Pause, um die Spannung zu erhöhen. „FOSTER KENT".

Nach dem Telefonat ging ich zu Peter und sagte: „Ich glaube, wir müssen unser L.A.-Abenteuer unterbrechen, denn ich habe tolle Neuigkeiten." Wir beschlossen, kurz nach Salzburg zurück zu fliegen, schnell diese Produktion abzuwickeln, um uns dann wieder unserem Hollywood-Abenteuer zu widmen.

Diese „schnelle Produktion" dauerte über zwei Jahre. Wir produzierten die Musik für alle Nachrichtensendungen, Magazine und auch für das gesamte Kinderfernsehen. „Am Dam Des", „Confetti TiVi" und „Der Auslandsreport" sind ein paar dieser Sendungen, die den österreichischen Lesern noch etwas sagen könnten.

Als wir zwei Jahre später die Produktion für den ORF abgeschlossen hatten, waren die Themen Hollywood und Filmmusik sehr weit weg. Wir hatten beide eine Freundin, die wahrscheinlich nicht mit uns mitgekommen wären, und so musste der Traum von L.A. dem neuen ORF-Design weichen.

Heute noch startet die Signation der „Zeit im Bild", die quasi österreichische Tagesschau, mit der Melodie des Donauwalzers. Und das zeigt mir etwas sehr deutlich:

Wir Produzenten machen uns immer unglaublich viele Gedanken zum Sound: Welche Drums Sounds, Synthesizer und Plugins verwenden wir, um einen Track wirklich fett klingen zu lassen? Aber das, was beim Hörer am Ende viel wichtiger ist, ist die Melodie. Sie ist das, was in unserem Kopf bleibt und weshalb wir einen Song wieder hören wollen.

Sie ist das, was über 30 Jahre später noch immer dem Zuschauer sagt: „Jetzt starten die Nachrichten und du bekommst die aktuellen News aus der ganzen Welt." Und darum geht es in diesem Kapitel: Die Melodie!

WHERE IS THE MELODY?

In 90 Prozent der Musikstile ist die Melodie das Wichtigste an einem Song. Sehr oft wird die Hauptmelodie von dem Gesang übernommen. Aber auch die instrumentalen Melodien sind meistens sehr wichtig. Hier die wichtigsten Stellen, an denen man instrumentale Melodien in einem gesungen Track findet.

1. DAS INTRO

Der klassische Song Aufbau lautet „Intro – Strophe – Refrain“. So hörte man das schon in den 80ern bei: „Take On Me" von *A-Ha*, oder ganz aktuell, bei „As It Was" von *Harry Style*

2. DAS SOLO

In den 80er-Jahren hatten viele Songs ein Solo im hinteren Drittel. Ein gutes Beispiel hierfür ist: „I'm Still Standing“ von *Elton John*

In aktuellen Produktionen findet man nur noch selten einen instrumentalen Solo-Part im hinteren Drittel. Ein Beispiel habe ich jedoch gefunden: „Don't Start Now“ von *Dua Lipa*

3. DER INSTRUMENTALE REFRAIN

In vielen Club Tracks gibt es eine instrumentale „Hook“, also eine Melodie für den Refrain. Diese Produktionsweise hat vor einigen Jahren Einzug in die Popmusik gefunden. Ein gutes Beispiel hierfür ist: „Summer“ von *Calvin Harris*

4. DIE BACKGROUND-MELODIE

Oft findet man im Refrain eine Melodie hinter dem Gesang, um den Refrain noch größer zu klingen zu lassen. Ein schönes Beispiel dazu sind die Bläser im Refrain von „Deep Down“ von *Alok* , der Synthesizer in „The Weekend“ von *Michael Gray*, oder die Streicher-Bläser-Kombi in „Lola's Theme“ von *The Shapeshifters*

THE SOUND OF MUSIC

Was ist der richtige Sound für eine Melodie? Um in diese Frage etwas Klarheit zu bringen, habe ich eine kleine Analyse gemacht. Ich habe mehrere hundert Songs aus drei Kategorien analysiert: EDM, die größten Hits aller Zeiten und Hits von 2021 und 2022. Das Ergebnis findet ihr in dieser Tabelle:

	ALL	EDM	Hits (all Time)	Hits 2021,2022
Synthesizer	31%	33%	20%	41%
Strings	19%	33%	20%	41%
Vocals	11%	5%	4%	24%
E-Gitarre (nicht verzerrt	10%	11%	11%	7%
Brass	10%	11%	11%	7%
Verzerrte Gitarre	7%	1%	13%	7%
Piano	3%	6%	1%	1%
Saxophon	2%	2%	4%	-
Electric Piano	2%	1%	1%	2%
Akustische Gitarre	1%	-	4%	-
Flute	1%	1%	1%	-
Bells	1%	-	1%	3%
Mundharmonika	1%	-	3%	-
Hammond Orgel	-	-	1%	-
Vibraphon	-	-	1%	-
Pfeifen	1%	-	-	3%

Hier ein paar Überlegungen dazu:

Dass der Synthesizer auf Platz Eins ist, ist eigentlich nicht ganz korrekt, denn eigentlich stehen hinter dem Begriff „Synthesizer" eine Vielzahl völlig unterschiedlicher Sounds. Ein Synthesizer kann ein Sägezahn-Brett, wie in „Summer" von *Calvin Harris* sein, ein gitarrenähnlicher Sound wie in „Your Love" *(9 pm)* von *ATB* sein, oder ein sinustonähnlicher Sound wie der in „Human Nature" von *Madonna*. Würde man den Synthesizer in diese Kategorien unterteilen, wäre diese Kategorie nicht auf Platz 1.

Dann wären die Streicher! Leider reicht das Produktionsbudget meist nicht aus, echte Streicher zu engagieren. In dem Fall empfiehlt es sich, mit einer dafür geeigneten Library wie der *Vienna Symphonic Library*, der *Berlin Strings* oder der *Spitfire Audio* zu arbeiten. Aber dazu mehr im Kapitel „Orchester".

Vocals sind meiner Meinung nach in den letzten Jahren zum wichtigsten Lead-Instrument geworden. Wobei hier manchmal natürliche Adlibs und Gesang-Phrasen vom Leadsänger aufgenommen werden und manchmal mit sogenannten „Vocals Chops" gearbeitet wird. Das sind Stimmen-Samples, die mit verschiedenen Techniken so bearbeitet werden, dass man zwar noch die originale Stimme erkennt, aber auch sofort merkt, dass sie elektronisch verfremdet wurden.

Hier ein paar Techniken, die ich gerne verwende, um Vocal–Chops zu erzeugen:

1. Ich lade mir verschiedene Gesang-Phrasen und verwende die Funktion „Slice to new MIDI-Track" (wie man sie zum Beispiel in *Ableton Live* findet). Dabei wird das Gesang-Material in einen Sampler geladen, sodass man es über die Tastatur spielen kann, wobei jede Silbe auf einer eigenen Taste liegt. Jetzt kann man sich ein paar Tasten aussuchen und damit so lange herum- experimentieren, dass eine interessante, neue Vocal-Phase entsteht.

2. Alternativ kann man auch einzelne Phrasen mit Audiobearbeitungs-Tools, wie Schneiden oder Time-Stretching, rhythmisch an den Track anpassen.

3. Um Gesangs-Phrasen in der Tonhöhe anzupassen, empfehle ich das Plugin *Melodyne* von *Celmony*. Damit kann man nicht nur ganz neue Töne und damit Melodien generieren, sondern auch den Klang der Stimme durch Funktionen, wie Modulation und Formanten bearbeiten.

4. Weiters kann man die *Komplete Super* samt dem *Melodyne*-Plugin duplizieren, um auf der zweiten Spur eine zweite Stimme oder eine tiefe Oktave zu generieren. Theoretisch kann man diesen Trick auch öfter wiederholen, um eine dritte oder sogar eine vierte Stimme zu erzeugen.

5. Und natürlich ist bei Vocal-Chops die Klangbearbeitung auch sehr wichtig. Meistens möchte man, dass sich Vocal-Chops von der Leadstimme abheben, weshalb mit sie mit einem EQ etwas dünner macht. Daher filtert man die tiefen Frequenzen zwischen 300 und 1000 Hz mit einem Hochpassfilter und die hohen Frequenzen mit einem Tiefpassfilter zwischen 1 und 6 KHz.

Aber auch Effekte wie Reverb, Delay und Modulationseffekte wie Flanger, Phaser und Chorus können eine wichtige Rolle spielen.

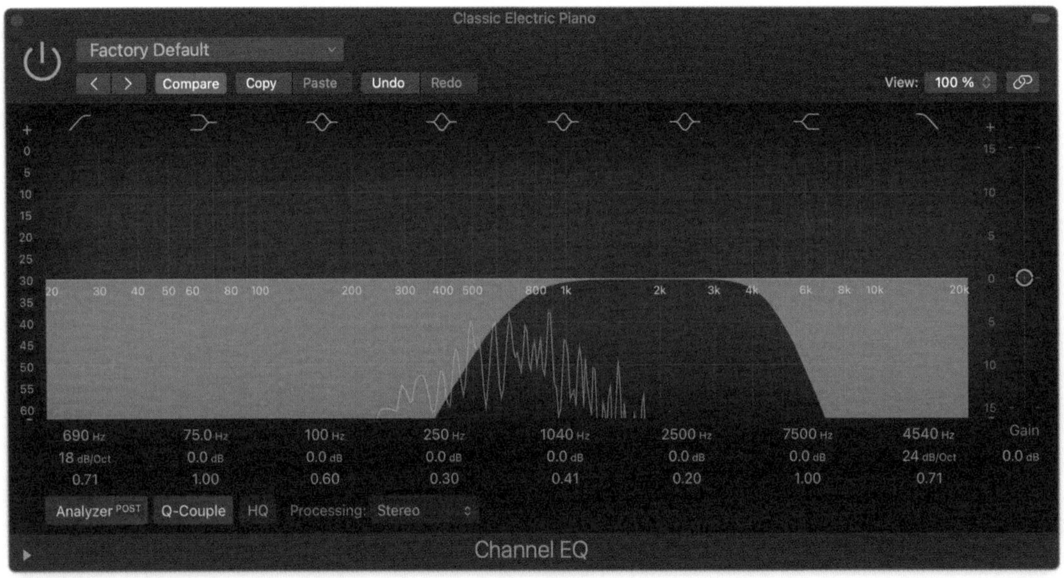

Beispiel 62: EQ von Logic Pro filtert die Stimme bei 700 Hz (HP) und bei 4500 Hz (LP)

WELCHE SOUNDS VERWENDET IHR AM HÄUFIGSTEN FÜR MELODIEN?	
Synthesizer	56 %
Klavier	23 %
Strings	10 %
Klassische Gitarre	4 %
Elektrische Gitarre (clean)	3 %
Ich pfeife	2 %
Cello	2 %

Dies ist das Ergebnis einer Abstimmung in meiner Facebook-Gruppe
„Thomas Foster musicproduction (german group)"

WELCHE SOUNDS VERWENDET IHR AM HÄUFIGSTEN FÜR MELODIEN?
CHRISTIAN HAMM: „Die menschliche Stimme"
PETER RIES: „In der Regel sind es Sylenth 1, Nexus und Omnisphere. Manchmal lasse ich mich gerne bei dem Einsatz von Output Arcade überraschen. Arcade bietet Sample Riffs, die man in der jeweiligen Tonlage abfeuern kann. Schon tolle Ergebnisse damit auf spielerische Art gehabt."
STEFFEN HARNING: „Abhängig vom Einsatz ist immer ein Synth von Logic mit dabei, aber auch der X-Fer Serum klingt klasse und ist sehr flexibel. Manchmal benutze ich hierfür auch den Nexus."
BILLY KING: „Leadsynths eigentlich immer von refX Nexus."
WALTER MAIR: „Piano/Keys, weil ich hier schnell ein Gefühl von Melodie im Kontext von Harmonie erzeugen kann, was bei den ersten Demos hilft."
JULIUS MALDEGHEM: „In Orchesterkompositionen liebe ich Bratschen als Melodieinstrument. Außerdem auch Klarinette und Gesang auf Uhh, Ahh etc. In Pop und Rap Produktionen ist die Melodie meistens gesungen."
ROBERT RETTBERG: „Piano, synths, acoustic/electric guitar, strings, flute, marimba, harp, Fr hn, trumpets"
HANS-MARTIN BUFF: „Die Stimme."

NORMAL KANN JEDER

Nachdem Melodieinstrumente ein sehr wichtiger Bestandteil der Produktion sind, möchte ich hier ein paar Tricks aufzeigen, diese interessanter zu machen:

1. **„Zwischen den Tönen gibt es auch noch etwas!"**

Eine Methode, die oft zu guten Ergebnissen führt, ist die Töne miteinander zu verbinden. Ein Beispiel dazu ist „Your Love" *(9PM)* von *ATB*.

Dazu gibt es verschiedene Möglichkeiten. Zum Einen haben die meisten Plugins eine Glide-Funktion, mit der gebunden gespielte Töne nicht in den nächsten Ton springen, sondern sich die Tonhöhe mit einer einstellbaren Geschwindigkeit zum nächsten Ton hinbewegt.

Weiters kann man hierfür auch mit dem Pitch-Bend arbeiten, um Töne nach oben oder unten ziehen zu können. Wie weit sie gepitched werden, kann man bei fast allen Plugins einstellen. Und seit einiger Zeit gibt es „MPE", was soviel wie „MIDI Polyphonic Expression" bedeutet. Das ist mit Sicherheit die effektivste Funktion, um den Tonhöhenverlauf einzelner Töne zu bearbeiten. Das bedeutet, man kann zum Beispiel zwei Töne gleichzeitig spielen, aber nur einen davon in der Tonhöhe verändern.

Diese Funktion ist so neu, dass ich mir sicher bin, dass wir in den nächsten Jahren einige Melodien mit neuartigen Effekten, die ohne diese Funktion nur sehr schwer umsetzbar gewesen wären, hören werden.

2. **Den Sound variieren**

Eine sehr ungewöhnliche Art den Sound zu variieren, ist, die Melodie von über zehn verschiedenen Sounds spielen zu lassen und dann taktweise, phrasenweise oder sogar tonweise zwischen den Sounds umzuschalten. So einen Effekt hören wir im Finale (bei etwa 3:25) des Songs „Alphabeat" von *David Guetta*.

Sehr oft „layere" (mixe) ich mehrere Sounds, um einen fetten Gesamtsound zu bekommen. Wenn man diese Sounds auf mehreren Spuren lässt, kann man einfach variieren, welche Note mit welchem Sound gespielt wird. In diesem Beispiel wähle ich für jede Melodiephrase eine andere Kombination von Sounds.

3. Mehrstimmig arbeiten

Eine weitere Möglichkeit, Melodien interessanter zu gestalten, ist, mehrstimmig zu arbeiten. Die einfachste Form ist, eine Oktave darunter oder darüber hinzuzufügen. Oft klingt es aber noch interessanter, wenn wir zusätzlich, oder anstatt der Oktave, eine zweite Stimme hinzufügen.

Wie finden wir heraus, welche Töne für eine zweite Stimme geeignet sind? Ich starte immer damit, die Melodie in der Pianorolle eine Terz (drei oder vier Halbtonschritte) nach oben oder nach unten zu transponieren. Ab dann arbeite ich nach dem Gehör und experimentiere damit, die Töne um Halbtonschritte nach oben oder unten zu transponieren, bis die zweite Stimme gut klingt. Natürlich hilft es auch sehr, wenn man weiß, in welcher Tonlage man sich befindet und welche Noten sich in dieser Tonart befinden.

Wichtig ist es auch zu wissen, dass es nicht immer notwendig ist, die gesamte Melodie mit einer zweiten Stimme zu versehen. Oft reicht es, sich auf die wichtigsten Töne zu konzentrieren.

Manchmal bietet sich sogar eine dritte Stimme an, wobei zwei meistens vollkommen ausreichend sind.

4. Hall- und Delay-Effekte

Hall und Delay spielen bei Melodieinstrumenten eine wichtige Rolle. Oft ist das Verwenden von viel Hall der Schlüssel, ein Instrument groß klingen zu lassen. Dabei ist es immer gefährlich, den Sound „zuzusuppen". Deshalb gibt es einen Trick: Man legt auf den Hall einen Kompressor, welcher als Sidechain (das Signal, das entscheidet, wann der Kompressor die Lautstärke nach unten drückt) das Original-Signal (also dass ohne Hall) verwendet. Das bewirkt, dass immer, wenn das Instrument spielt, der Hall etwas leiser gemacht wird, und immer, wenn das Instrument zu spielen aufhört, der Hall laut wird. Dadurch ist die Melodie klar und transparent, aber hat am Ende jeder Phrase viel Hall.

Alternativ können wir Hall- oder Delay-Effekte in der Lautstärke automatisieren und dadurch nur einzelne Töne mit Hall bzw. Delay versehen.

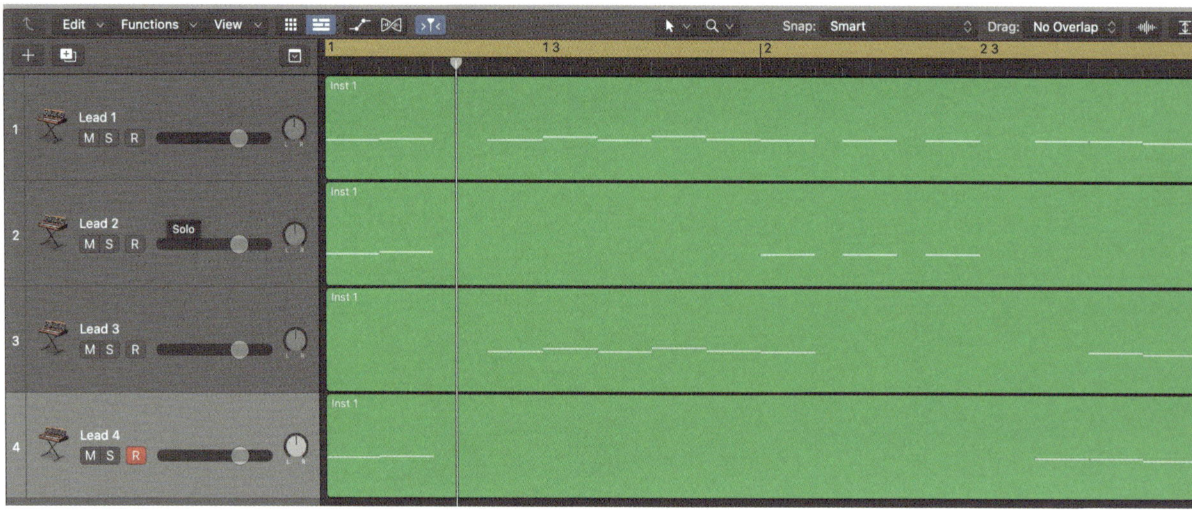

Beispiel 63: Abwechselnde Melodie–Sounds

MELODIEN FINDEN

Es gibt viele Möglichkeiten, wie man zu einer guten Melodie kommt. Da geht natürlich jeder anders vor. Am Salzburger Mozarteum haben meine Professoren zum Beispiel versucht, mir beizubringen, schöne Melodien zu finden, indem man Noten „malt" und irgendwelchen musiktheoretischen Regeln folgt.

Auch wenn ich dabei viel gelernt habe, habe ich das als sehr befremdlich empfunden. Deshalb möchte ich euch hier meine zwei Lieblingsmethoden zeigen, um zu einer schönen oder coolen, lustigen, mystischen, emotionalen oder mitreißenden Melodie zu kommen.

1. **Die Pianorolle**

Jede DAW hat einen oder mehrere Editoren, um Noten zu bearbeiten. Die wichtigste ist die Pianorolle. Von unten nach oben sind die Töne chromatisch (in Halbtonschritten) angeordnet und die Zeit verläuft von links nach rechts, wobei senkrechte Linien die Takte, Schläge und manchmal auch kleinere Einheiten, darstellen.

Nun stellt sich die Frage, ob wir erst einen Melodie-Sound suchen, oder erst die Melodie und dann den richtigen Sound. Ich starte oft mit einem einfachen Piano-Sound, und wenn ich denke, eine gute Melodie gefunden zu haben, höre ich mir diese mit unterschiedlichen Sounds an, um den perfekten Sound zu finden. Aber natürlich kann man sich auch erst auf den richtigen Sound konzentrieren und damit arbeiten.

Nun zeichne ich eine erste Achtelnote auf einem Ton, der zu der Komposition passt, ein, zum Beispiel auf dem Grundton, bei A Moll wäre das „A". Nun konzentriere ich mich erst einmal auf die Rhythmik. Ich aktiviere die Note und verwende die Funktion „Duplizieren", um daraus mehrere Achtel zu erzeugen. Fühlt sich das zu langsam an, erhöhe ich auf Sechzehntel, empfinde ich es als zu schnell, dann erzeuge ich Viertelnoten.

Nun spiele ich mich mit der Startposition. Selten starte ich auf Taktbeginn. Eher hat man einen Auftakt, fängt also vor der „Eins" an, oder man lässt die „Eins" frei und beginnt etwas später. Ich verschiebe einzelne Noten nach links oder rechts, füge weitere Noten hinzu und verändere ihre Position. Ständig ändere ich etwas und höre mir das neue Ergebnis an. Das kann unglaublich schnell gehen und nach wenigen Minuten, manchmal sogar Sekunden, hat man ein rhythmisch interessantes Ergebnis. Nun spiele ich mit der Tonhöhe. Hier hilft es natürlich, wenn man weiß, welche Töne in der ausgewählten Tonart Sinn machen. In A-Moll sind das eher die weißen Tasten, in G-Dur müsste man zum Beispiel wissen, dass neben den weißen Tasten die Note „F" zu einem „F#" erhöht wird. Aber auch ohne dieses

Wissen kommt man schnell zu einem guten Ergebnis. Habt einfach Mut, probiert Dinge aus und ändert sie so lange, bis das Ergebnis für euch gut klingt.

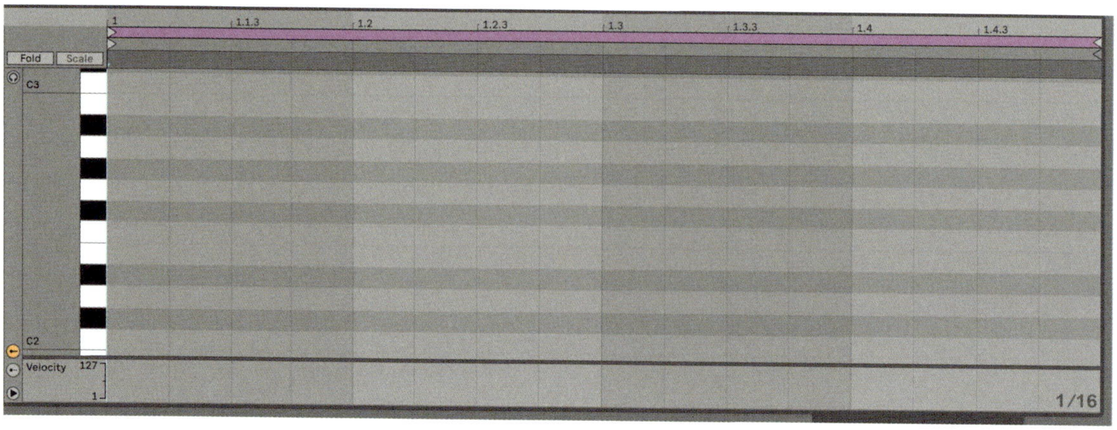

Beispiel 64: Schreiben einer Melodie in der Pianorolle

2. Singen

Ich weiß, dass viele von euch „Ich kann nicht singen, das geht gar nicht" sagen werden. Aber das stimmt nicht! Jeder kann singen und selbst wenn ihr falsche Töne singt, kann euch das helfen, eine Melodie zu finden.

Stellen wir uns vor, ich möchte für einen Synthesizer eine tolle Melodie finden: Ich lasse das Playback laufen, stelle mir einen supercoolen Typen auf der Bühne vor, wie er an einem glitzernden Synthesizer steht und dann diese Melodie spielt. Und nun stelle ich mir diese coole Melodie vor und versuche sie mitzusingen.

Manchmal braucht es mehrere Ansätze, bis ich das Gefühl habe, eine coole Melodie zu singen. Aber sobald es soweit ist, versuche ich diese Töne sofort einzuspielen bzw. in der Pianorolle einzuzeichnen. Auch wenn die Töne, die ich singe, falsch klingen, sind es vielleicht die Rhythmik und die Bewegung der Melodie, die schon in die richtige Richtung gehen. Falls die Töne nicht gut waren, können wir diese sehr schnell in der Pianorolle editieren. Spielt einfach so lange herum, bis euch das Ergebnis gefällt.

Wenn die Melodie wichtig ist, empfehle ich euch, mehrere Anläufe zu nehmen und danach zu vergleichen, welche Melodie besser klingt.

Falls euch das Thema Musiktheorie näher interessiert, empfehle ich euch mein Buch „**EDM Komponieren**". Darin geht es genau um die Themen „Akkorde finden" und „Melodien schreiben".

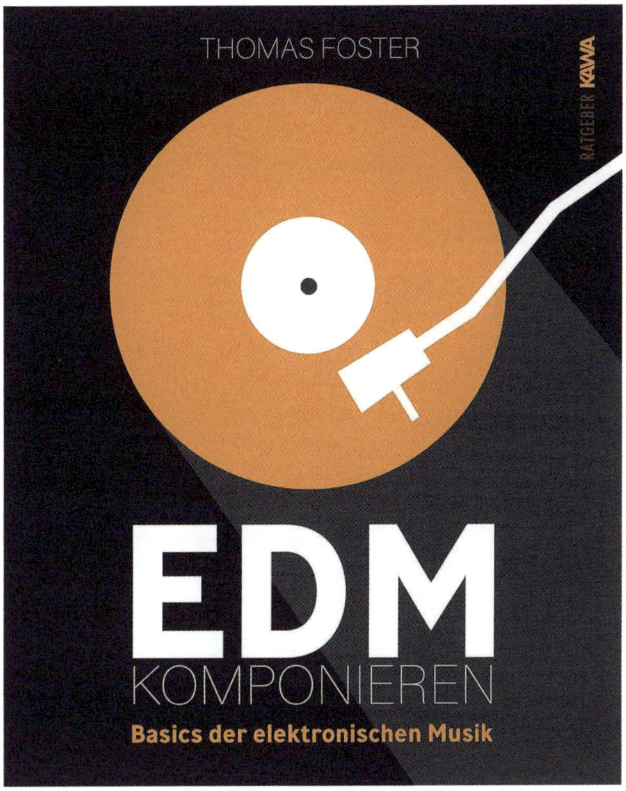

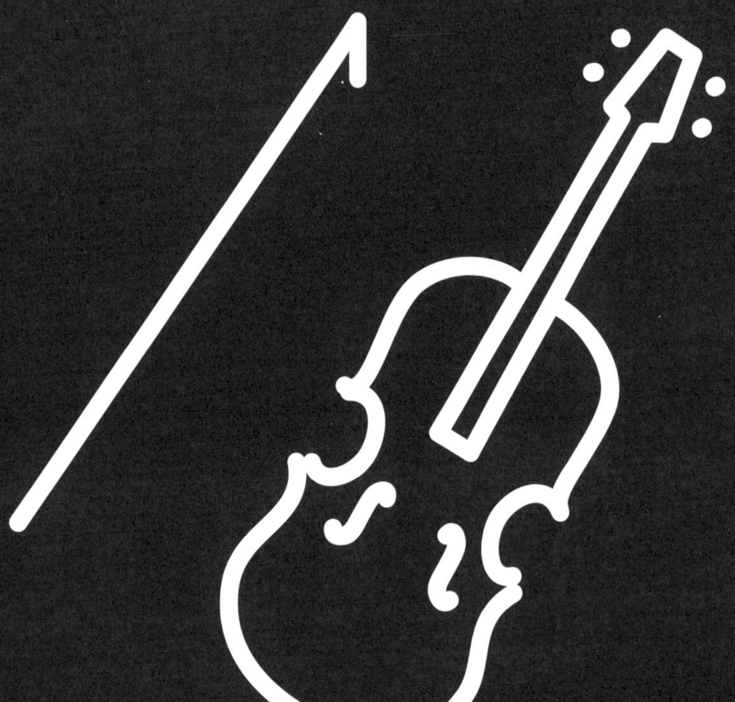

ORCHESTER

Nach einigen Jahren hatte Foster Kent die Jingles für viele große Radiostationen in Deutschland, Österreich und der Schweiz produziert. In unserem Portfolio befanden sich Stationen wie NDR 2, N-Joy Radio, You Fm, Bayern 3, Bayern 1, WDR 5, SWR 3, Jump Fm, Sputnik sowie viele Privatradio-Stationen von Radio Hamburg bis Radio Lausitz und sogar das deutsche Kirchenradio Radio Horeb, das sein Mischpult vor dem Sendestart zum Vatikan geschickt hat, um es dort vom Papst segnen zu lassen.

Und nicht, dass uns diese Arbeit gelangweilt hätte. Oh nein! Ich habe heute noch großen Spaß daran, mich der Produktion für eine neue Radiostation zu widmen. Trotzdem hatten wir den Wunsch, uns weiterzuentwickeln. Und so kam der Wunsch auf, international zu werden. Dieselbe Arbeit für Radiostationen in Amerika, England und Australien zu machen.

Nun wusste ich ja aus Erfahrung, wie das funktioniert: Einfach das Telefon in die Hand nehmen und versuchen, die richtige Person ans Rohr zu bekommen. Aber leider musste ich feststellen, dass diese Aufgabe in New York etwas schwieriger zu bewältigen war als in München. Konkret ist es mir kein einziges Mal gelungen, an der Sekretärin vorbei zu kommen. Daher wurde uns sehr schnell klar, wir brauchen eine andere Strategie. Was können wir am Telefon erzählen, das spannender klingt als: „Wir würden gerne Jingles für euch produzieren"?

In der Zwischenzeit besuchten wir die eine oder andere internationale Messe für Radio und stellten dort etwas Interessantes fest: Die größten Radiomacher der Welt flogen auf eigene Kosten über den halben Globus, um zu so einer Radiomesse zu gehen, und viele von ihnen hielten dort einen Vortrag, ohne dafür Geld zu bekommen. Dies schien der Schlüssel zu sein.

Daraufhin haben wir das „Broadcast Symposium“, eine Radio-Messe in Salzburg, bei der internationale Radiomacher für Radiomacher des deutschsprachigen Raums vorsprachen, organisiert. Und auf einmal konnten wir eine Radiostation in New York anrufen und dem Moderator oder Programmchef sagen: „Ich habe gehört, Sie sind einer der erfolgreichsten Radiomacher der Welt! Das finden wir sehr interessant und deshalb würden wie sie gerne als Sprecher nach Salzburg einladen, um dort vor 500 Radiomachern zu sprechen. Selbstverständlich übernehmen wir die Reisekosten.“

Natürlich hat uns dieses Konzept ein kleines Vermögen gekostet, was für eine junge Firma wie unsere echt grenzwertig war. Aber sofort merkte man, wie sich das Blatt wendete. Der Star-Moderator der erfolgreichsten Station in Amerika sprach auf einmal sehr gerne mit uns und in den meisten Fällen entschied er sich, nach Salzburg zu kommen.

So saßen wir bereits wenige Monate später, am Vorabend unseres Symposium, in einem Salzburger Lokal mit den größten Radiomachern aus New York, Australien, England, Spanien, Russland und vielen anderen Ländern. Sehr schnell wurden diese Leute unsere Freunde und trotzdem war es noch eine lange Reise, aus diesen Kontakten Aufträge zu machen.

Die Station, von der wir uns die größten Chancen versprachen war *1010 Wins New York*. Wenn man in New York in ein Taxi steigt, ist die Chance groß, 1010 Wins zu hören, denn die meisten Taxifahrer hören genau diese, weil sie den Hörern die aktuellen Informationen aus New York und der Welt bringen. Nebenbei ist es auch noch die erfolgreichste Station der Vereinigten Staaten. Was könnte also spannender sein?

Unser Ansprechpartner war Lee Harris, ein etwas kleinerer und älterer Herr mit einer sehr tiefen Stimme. Ich sagte immer: „Lee klingt wie ein Radio!" Er erzählte mir einmal von einer Radiosendung, die er zusammen mit einem Basketballspieler, der eine sehr hohe Stimme hatte, moderiert hatte. Da die Sendung sehr erfolgreich war, sollten die beiden in einer Live-TV-Show einen Preis überreicht bekommen.

Als Lee mit dem fast doppelt so großem Bassballspieler die Bühne betrat, dachte sich wohl jeder, dass der etwas kleinere der beiden wohl der mit der hohen Stimme sein muss. Umso überraschter waren die Zuschauer, als Lee zum Mikrofon griff und mit seiner markanten tiefen Stimme sagte: „Well, I wanna thank you ...."

Lee wurde ein echter Freund und wir entwickelten einen Plan, neue Jingles für seine Radiostation *1010 Wins* zu produzieren. Ein Schlüsselelement, um dieses Ziel zu erreichen, war es, mit einem echten Orchester zu arbeiten. Auch wenn wir uns sicher waren, dass keiner den Unterschied zu einer Orchester Library hören würden, wussten wir: In dem Moment, in dem man die Videobilder des echten Orchester sah, würde beim Zuhörer ein Schalter umgelegt und alles würde sich schlagartig viel größer und "wertiger" anhören.

Bis zu diesem Tag hatten wir noch nie mit echtem Orchester gearbeitet. Und so riefen wir alle Kollegen an, von denen wir dachten, dass sie schon einmal mit echtem Orchester gearbeitet hatten. Tatsächlich stellte ein Freund einen Kontakt zu den Symphonie Orchester in Prag und dem Orchestrator Nick Rain her. Nicht, dass ich im Mozarteum nicht gelernt hätte, wie man für Orchester schreibt, aber ich war extrem dankbar, auf der Erfahrung einer Person aufzubauen, die täglich für Orchester schreibt und weiß, worauf man achten muss.

Nick war ein Gentleman mit britischem Akzent und half uns, unsere elektronischen Ideen auf Notenblätter zu drucken und die Aufnahme mit dem Orchester zu leiten.

Den Tag dieser Orchesteraufnahme werde ich nie vergessen. Zum einen ist es ein unglaubliches Erlebnis, wenn achtzig Menschen ein Werk, das man sich vorher an einem Computer sitzend einfallen lassen hat, spielen. Ich stand während der Aufnahme mitten im Orchesterraum und wusste gar nicht, wo ich hinschauen sollte. Und obwohl ich während der Aufnahme gar keine Aufgabe hatte, stand ich da, voller Faszination, aber auch voller Angst, ich könnte die Aufnahme gefährden.

Auf der anderen Seite merkte man, wie für diese achtzig Musiker diese Aufnahme nichts Besonderes war. Sobald ein Musiker oder eine Musikerin nichts zu spielen hatte, widmete er/sie sich gelangweilt einer anderen Aufgabe, laß ein Buch oder die Zeitung, strickte etwas oder drückte genervt am Handy herum. Aber das gehört wohl dazu und ändert nichts daran, dass es für mich ein fantastisches Erlebnis war. Wenn ihr jemals die Chance habt, dass ein Orchester eure Musik spielt, solltet ihr alles versuchen, das möglich zu machen.

Und darum geht es in diesem Kapitel: das Orchester!

Übrigens, wenige Tage, nach dem unsere Jingles in New York auf Sendung gingen, schickte uns jemand einen Artikel der New York Times, in dem es um das neue akustische On-Air-Design, also die neuen Jingles von 1010 Wins ging. Der Redakteur des Artikels schrieb, dass er versucht hat, die neuen Komponisten aus Salzburg für ein Interview anzurufen, aber leider niemanden erreicht hatte. Ihm hätte auch einmal jemand sagen können, dass es nach Österreich eine Zeitverschiebung gibt und in der Nacht bei uns niemand erreichbar ist. Schade!

Wenige Wochen später flog ich noch einmal nach New York. Als ich aus dem Flughafen ging und in ein Taxi stieg, hörte tatsächlich der Fahrer gerade 1010 Wins und es dauerte keine zehn Minuten, bis ich unsere Musik hörte.

Lebensziel: Internationale Jingles produzieren – Check!

FÜR 80 MENSCHEN SCHREIBEN

Wenn man an ein Orchester denkt und sich dabei 80 Menschen vorstellt, für die man etwas schreiben muss, kann das sehr einschüchternd sein. Deshalb stellen wir uns lieber erst einmal vier Instrumentengruppen vor:

1. **Streicher**

2. **Blechbläser**

3. **Holzbläser**

4. **Percussion**

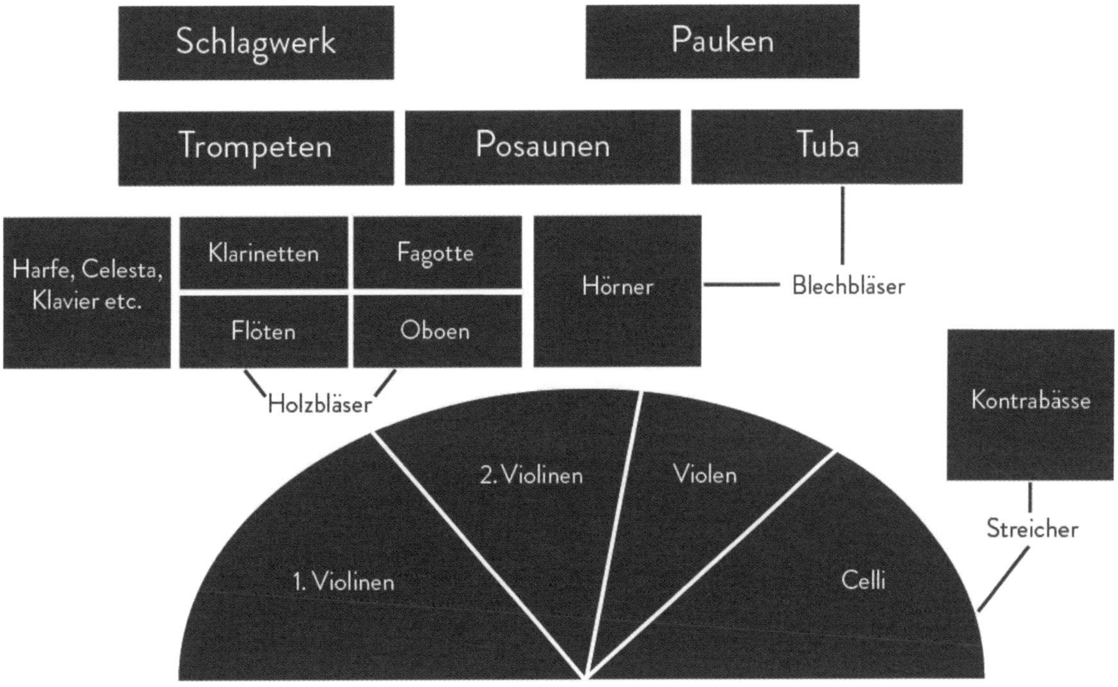

Natürlich gibt es dann noch weitere Instrumente, wie das Klavier, die Orgel, die Harfe oder gar einen kompletten Chor, der hier noch dazukommen kann. Aber konzentrieren wir uns erst einmal auf das Wesentliche.

Die Sänger eines Chores teilt man in vier Gruppen auf, abhängig davon, wie hoch bzw. tief sie singen. Von unten nach oben sind das die Bässe, Tenöre, Alt und Sopran. Ähnlich wie bei den Chören teilt man auch die Streicher und Bläser in verschiedene Gruppen ein:

Im Falle der Streicher sind das (von tief nach hoch) die Bässe, die Cellos, die Violen, die „ersten Geigen“ und die „zweiten Geigen“. Auf diese fünf Gruppen müssen wir meistens Melodie, Bass und eventuell Begleitung verteilen.

Die Melodie ist in den meisten Fällen „oben“ und damit eher bei den „ersten Geigen“. Nun können wir, wie schon im Kapitel der Lead-Instrumente erwähnt, diese Melodie verstärken. Zum Beispiel in dem wir eine weitere Gruppe in der darunter liegenden Oktave mitspielen lassen. So würde man die „zweiten Geigen“ die Oktave darunter spielen lassen. Wenn es besonders „fett“ klingen soll, können wir die Violen die Melodie noch einmal zwei Oktaven darunter spielen lassen.

Alternativ könnten wir die „ersten Geigen“ die Lead-Stimme, die Violen eine Oktave darunter und die „zweiten Geigen“ eine zweite Stimme zwischen den beiden Melodie-Instrumenten spielen lassen.

Nun brauchen wir noch eine Instrumentengruppe für den Bass, und dafür eignen sich Kontrabass und Celli. Sehr oft hört man diese exakt die selbe Basslinie in Oktaven spielen.

Wie man eine Instrumentierung für Orchester macht, kann man viele Jahre studieren. Dieses Kapitel kann daher natürlich kein Studium ersetzen, sondern soll eine erste Idee geben, wie man sich an dieses Thema herantasten kann.

Hier ein paar Beispiele, die zeigen, wie man Melodie, Bass und eine eventuelle Begleitung auf die fünf Streicher-Gruppen aufteilen könnte:

STIMMAUFTEILUNG FÜR STREICHER 1	
Erste Geige	Melodie hoch
Zweite Geige	Zweite Stimme
Viola	Melodie tief
Cello	Bass hoch
Kontrabass	Bass tief

Beispiel 65: Erste Geige und Viola spielen die Melodie in Oktaven, die zweite Geige spielt an manchen Stellen eine zweite Stimme dazwischen, Cello und Kontrabass spielen die Bass-Figur in Oktaven.

STIMMAUFTEILUNG FÜR STREICHER 2	
Erste Geige	Melodie hoch
Zweite Geige	Melodie tief
Viola	Melodie, zwei Oktaven tiefer
Cello	Bass hoch
Kontrabass	Bass tief

Beispiel 66: Erste Geige, zweite Geige und Viola spielen die Melodie in drei Oktaven, Cello und Kontrabass spielen die Bass–Figur in Oktaven.

STIMMAUFTEILUNG FÜR STREICHER 3	
Erste Geige	Melodie hoch
Zweite Geige	Zweite Stimme
Viola	Dritte Stimme
Cello	Bass hoch
Kontrabass	Bass tief

Beispiel 67: Erste Geige spielt die Melodie, zweite Geige und Viola spielen Harmonietöne zur Melodie, Cello und Kontrabass spielen den Bass.

STIMMAUFTEILUNG FÜR STREICHER 4	
Erste Geige	Melodie hoch
Zweite Geige	Zweite Stimme
Viola	Dritte Stimme
Cello	Melodie tief
Kontrabass	Bass

Beispiel 68: Erste Geige und Cello spielen die Melodie in Oktaven, zweite Geige und Viola spielen Harmoniestimmen dazwischen, der Kontrabass spielt den Bass.

STIMMAUFTEILUNG FÜR STREICHER 5	
Erste Geige	Melodie
Zweite Geige	Begleitung 1
Viola	Begleitung 2
Cello	Bass hoch
Kontrabass	Bass tief

Beispiel 69: Die erste Geige spielt die Melodie, zweite Geige und Viola eine Begleitung, Cello und Kontrabass spielen den Bass.

STIMMAUFTEILUNG FÜR STREICHER 6	
Erste Geige	Melodie hoch
Zweite Geige	Zweite und Dritte Harmonies-timme
Viola	Melodie tief
Cello	Bass hoch
Kontrabass	Bass tief

Beispiel 70: Die erste Geige und die Viola spielen die Melodie in Oktaven, die zweite Geige in in zwei Gruppen geteilt und spielt zwei Harmonie–Stimmen zur Melodie und Cello und Kontrabass spielen die Bass–Stimme.

Natürlich gibt es noch mehr Varianten. Manchmal will man z. B. die Melodie eher tief haben und lässt sie von Cello und Viola spielen. Die Geigen könnten darüber eine Begleitung spielen oder einfach mal Pause machen.-

Und man sollte auch wissen, dass es möglich ist, eine Instrumentengruppe noch einmal in zwei weitere Gruppen zu teilen und zwei Stimmen spielen zu lassen. Hierzu noch ein Beispiel, in dem die „zweite Geige" geteilt wird. Sagen wir mal die „zweite Geige" besteht aus 14 Musikern. Sieben davon würden die „erste Stimme" und weitere sieben die „zweite Stimme" spielen.

Wie viele Musiker gibt es normalerweise pro Gruppe?

Die Anzahl der Musiker variiert und ist abhängig von der Orchester-Aufstellung und vom vorhandenen Budget. Meistens sind die „ersten Geigen" am stärksten besetzt und je größer die Streicherinstrumente werden, desto weniger Musiker gibt es.

Hier ein Beispiel wie die Besetzung der Streichergruppe aufgebaut sein könnte. Weiters habe ich euch die englische Bezeichnung dazu geschrieben, da man sie so in den meisten Sample-Libraries findet.

	ENGLISCHE BEZEICHNUNG	ANZAHL DER MUSIKER
Erste Geige	First Violins	16
Zweite Geige	Second Violins	14
Viola	Violas	12
Cello	Celli	10
Kontrabass	Basses	8

Bei vielen Orchesterproduktionen sind die Streicher das Fundament des Arrangements. Deshalb gehe ich beim Arrangieren auf oft so vor, dass ich erst einmal die Stimmen für die Streicher einspiele und dann, in einem zweiten Schritt, die Bläser und die Percussion. Manchmal reicht es, einzelne Phrasen oder sogar nur Akzente mit den Bläsern mitspielen zu lassen.

Bei den Blechbläsern (englisch brass) spielen die Trompeten die höchsten Töne und die Tuba spielt die Bassnoten.

	ENGLISCH	ANZAHL DER MUSIKER
Trompete	Trumpet	6
Horn	Horn	8
Posaune	Trombone	4
Tuba	Tuba	3

Bei den Holzbläsern deckt die Flöte den oberen Bereich der Töne ab und das Fagott ist das Bassinstrument. Bei den Holzbläsern (englisch woodwind) finden wir ganz oben die Flöte. Manchmal gibt es auch eine Piccolo-Flöte, die noch höher spielen kann, und ganz unten das Fagott, wobei in manchen Orchesterbesetzungen das Kontrafagott (contra bassoon) das musikalisch unterste Ende bildet.

	ENGLISCH	ANZAHL DER MUSIKER
Flöte	Flute	6
Oboe	Oboe	8
Klarinette	Clarinet	4
Fagott	Bassoon	3

Ein weiteres wichtiges Element ist das Schlagwerk (englisch orchestral percussion).

	ENGLISCH	
Becken	cymbals	(Gong)
Pauke	timpani	
Tamburin	tambourine	
Triangeln	triangle	
Trommeln	drums	Bassdrum, snare drum
Toms	toms	
Percussion	percussion	Wood block, Temple blocks, Shaker, Finger cymbals, Claves etc.

Und dann gibt es noch weitere Instrumente, die wir oft in Orchestermusik finden.

	ENGLISCH
Harfe	harp
Klavier/Flügel	piano / grand piano
Cembalo	harpsichord
Marimba	marimba
Glockenspiel	chime
Vibraphon	vibraphone
Orgel	organ

MENSCH ODER COMPUTER?

Es gibt heute großartige Libraries bzw. Plugins, um ein Orchester am Computer zu simulieren, dass es für die meisten Menschen unmöglich ist, den Unterschied zwischen einem echten Orchester und so einem Plugin zu erkennen. Natürlich liegt das nicht nur an der Qualität des Plugins, sondern auch an der Qualität des Orchestrators. Selten schreiben Menschen Noten für ein echtes Orchester, die das nicht richtig gelernt haben. Sehr häufig jedoch arbeiten Menschen mit Plugins, um echtes Orchester zu imitieren, die das nie gelernt haben. Das ist, meines Erachtens, einer der Hauptgründe, warum sich am Computer gemachte Orchestermusik manchmal nicht authentisch anhört.

Ihr wärt verwundert, wenn ihr wüsstet, dass wie viele professionelle Orchestermusiken heute nur mit Libraries produziert sind und keinen einzigen oder nur wenige echte Musiker beinhalten. Viele Serien verzichten heute aus Kostengründen komplett auf die Verwendung eines echten Orchesters. Aber sogar große Blockbuster sowie einige Soundtraks von Hans Zimmer werden komplett mit Libraries, also am Computer eingespielt, dann mit echtem Orchester aufgenommen, und erst im Mix wird entschieden, welchen Anteil das echte Orchester und welchen der Computer im finalen Mix hat.

Wenn ich bei Radio- oder TV-Jingles mit echtem Orchester arbeite, gehe ich genau so vor: Ich spiele alles am Computer ein und arbeite so lange, bis alles perfekt klingt. Dann gebe ich mein Logic-File an einen Orchestrator. Der schreibt die Noten und dirigiert meistens auch das Orchester.

Früher war ich bei diesen Orchesteraufnahmen immer anwesend, doch in den letzten Jahren war ich nur noch über Videokonferenz zugeschaltet, habe den Ton des Orchester über die Software *Audiomovers* in toller Qualität gehört und dann so wichtige Kommentare abgeben wie: „Please play with more dynamic!" (Bitte spielen Sie mit mehr Dynamik.)

Meist bekommt man die Dateien der Orchesteraufnahme bis zum nächsten Tag zum Downloaden. Diese wird meist als Pro–Tools-Session mit vielen Audiospuren, auf denen sich die verschiedenen Mikrofonpositionen befinden, angeliefert.

Die Basis bildet der „Decca Tree". Das sind drei Mikrofone im Abstand von je etwa einem Meter links, in der Mitte und rechts, etwa einen Meter über dem Kopf des Dirigenten. Hierfür wird oft das Mikrofon *M50* von *Neumann* verwendet.

Weiters gibt es zwei Mikrofon, eines ganz links und eines ganz rechts außen vom Raum, die als Ambient bezeichnet werden. Hierfür wurde bei den meisten Aufnahmen, bei denen ich anwesend war, das *DPA* von *Brühl & Kjaer* verwendet. Und dann werden noch sogenannte Spot-Mikrofone zu jeder Instrumentengruppe gestellt; hierfür wird gerne das *U47*, *U49* und *U87* der Firma *Neumann* verwendet.

Für wichtige Solo-Instrumente wird gerne auch ein eigenes Mikrofon aufgestellt. So benötigt man bei so einer Orchesteraufnahme auf etwa 20 bis 30 Mikrofone, welche auf 20 bis 30 Audiospuren aufgezeichnet werden.

Das Faszinierende ist: wenn man die einzelnen Mikrofone solo hört, hört man eigentlich immer das gesamte Orchester. Beim ersten Vergleichen der Audiospuren hat man den Eindruck, auf jeder Spur wäre dasselbe zu hören. Deshalb nehmen wir wichtige Aufnahmen oft in separaten Gruppen auf., z. B. die Bläser getrennt von den Streichern. Manchmal ist es effektiver, die Lead-Instrumente, Bässe und den Rest separat aufzunehmen.

Nachdem jede Aufnahmesequenz auf 30 Audiospuren aufgezeichnet wird, kann man hier schnell auf 80 oder mehr Spuren kommen. Um den Überblick nicht zu verlieren, ist eine gute Beschriftung und ein logisches Vorgehen sehr wichtig.

ORCHESTER-LIBRARIES

Es gibt auf diesem Planeten drei große Firmen, die sich zum Thema Orchester–Library einen Namen gemacht haben.

1. **Spitfire Audio**

Das Londoner Unternehmen hat die wahrscheinlich umfangreichste Library. Die meisten Sounds laufen im *Kontakt Player* von *Native Instruments*. Es gibt so vieles zur Auswahl, dass man auf der Homepage erst einmal gar nicht weiß, wo man anfangen soll. Unter anderem gibt es eine Cooperation mit Hans Zimmer. So findet man auf der Homepage nicht nur die *Hans Zimmer Strings*, sondern auch die *Hans Zimmer Percussion*, das *Hans Zimmer Piano* und so einiges mehr.

2. **Vienna Symphonic Library**

Wahrscheinlich waren die Österreicher die ersten, die Orchester-Sampling mit einem so großen Aufwand betrieben haben. So haben sie sogar ein eigenes Studio gebaut, in dem sie jeden Musiker der Wiener Symphoniker aufgenommen haben. Die Sounds laufen in dem von VSL programmierten Synchron Player.

3. **Orchestral Tools**

Das Berliner Unternehmen ist bekannt für die *Berlin Strings*, *Berlin Brass*, *Berlin Woodwinds* und *Berlin Percussion.* Man findet hier aber auch die Sounds von Tom Holkenborg (Junkie XL) sowie die „Metropolis Ark-Series“.

Ich persönlich nutze hauptsächlich die „Berlin“-Serie, da mich die drei verschiedenen Legato-Modes (schnelles, mittleres und langsames Binden von Tönen) überzeugt haben.

Ich habe mich mit dem Produzenten Walter Mair über diese drei Hersteller für Orchester-Sounds unterhalten. Walter war vor vielen Jahren mein Praktikant und hat jetzt sein eigenes Studio in London, wo er viele Filmmusiken für Hollywood und Netflix produziert. Er meinte: „Wenn du viel Filmmusik machst, solltest du alle Sounds dieser drei Firmen haben, denn jeder Sound hat seine Stärken und wird für einen anderen Zweck verwendet.”

WELCHE PLUGINS VERWENDET IHR FÜR ORCHESTER-SOUNDS?	
Symphony Essentials Collection (Native Instruments)	31 %
Spitfire Audio	29 %
Logic Pro X (Stock Plugins)	11 %
Orchestral Tools	8 %
Vienna Symphonic Library	7 %
Sonuscore The Orchestra Complete 2	6 %
IK Multimedia Miroslav Philharmonik	3 %
East West	3 %
Audio Modeling SWAM All In Bund	1 %
Sonokinectic	1 %
Dies ist das Ergebnis einer Abstimmung in meiner Facebook-Gruppe „**Thomas Foster musicproduction (german group)**"	

WELCHE PLUGINS VERWENDET IHR FÜR ORCHESTER-SOUNDS?
CHRISTIAN HAMM: „LA Scoring Strings, Cinesamples, Spitfire“
PETER RIES: „Meine geheime Leidenschaft! Da ich bei den Orchester-Sounds auch eher die „leise” Abteilung bevorzuge, bin ich ein großer Fan der Spitfire Audio Libraries. Die Nummer eins für mich bei den Solo-Violinen ist das Embertone-PlugIn Joshua Bell Violin. Wunderschön unter Einsatz des ModWheels auf der Tastatur zu spielen. Auch zum Einsatz kommen CineStrings und die PlugIns von Project Sam.“
STEFFEN HARNING: „Bei Orchester–Sounds kommt man an der Kontakt Library nicht vorbei. Mein Favorit für Pop und House sind die Session Strings 2."
BILLY KING: „Da gibt es nur Kombis aus verschiedenen Quellen. Ein Plugin alleine reicht mir meistens nicht. VSL, EXS-Samples, NI Libraries und IK Miroslav Philharmonik.“
WALTER MAIR: „Den vollen Orchestersound brauche ich bei fast allen meinen Produktionen. Daher habe ich sämtliche Produkte von Spitfire, Orchestral Tools, VSL, etc. Aber auch spezialisierte Libraries, wie Audio Imperia Areia oder Performance Samples Vista. Oftmals mische ich die Libraries, um einen uniquen Sound herzustellen. Beispielsweise das grosse Orchester von Berlin Strings, das dann Zwecks Detailabbildung mit einer kleineren Ensemble-Library wie Spitfires Chamber Strings oder LCO Strings gemischt wird.“
JULIUS MALDEGHEM: „Cinematic Studio Strings, Berlin Brass, Tina Guo Cello, Symphobia Lumina.“
ROBERT RETTBERG: „Spitfire – All libraries, EastWest, Berlin, Vienna, LA Scoring Strings, London Solo Strings, sunset strings - Realitone“

„WAS HEISST GEIGENKOFFER AUF KUBANISCH?
– FIDEL CASTRO!“

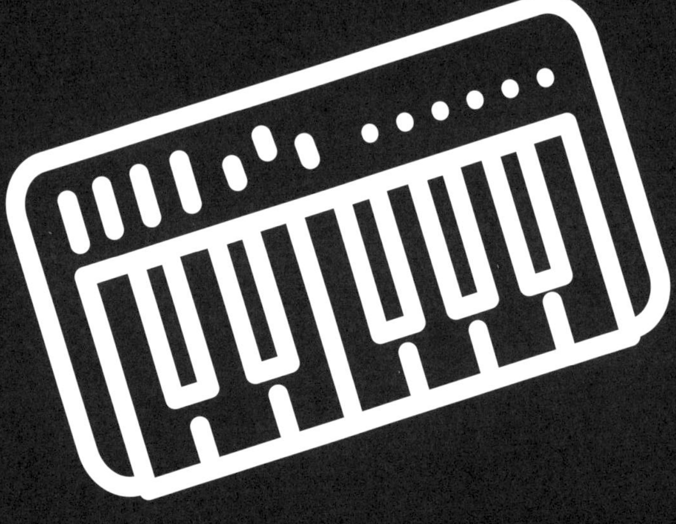

ARRAN-
GEMENT

WILLKOMMEN ZU HAUSE – MEIN RTL

Wir haben wenige Kunden, die uns über viele Jahre so treu geblieben sind wie Stephan Schmitter. Das erstemal haben wir für Stephan Anfang der 2000 gearbeitet. Damals war er bei der Münchner Radiostation Gong 96,3, die noch ein uraltes Jingle-Paket auf Sendung hatte. Wir hatten die Chance, alles komplett neu zu produzieren. Wenige Monate, nachdem die neuen Jingles auf Sendung waren, rief mich Stephan an und meinte: „Gestern hatten wir eine große Veranstaltung und 50.000 Menschen haben die neue Melodie von euren Jingles gesungen: Gong 96,3. So etwas habe ich noch nie erlebt!"

Einige Jahre später wechselte Stephan zu dem Berliner Radiosender *Spreeradio*. Auch für diesen Sender durften wir über viele Jahre die Jingles produzieren. Als er dann Chef vom gesamten *RTL Radio* wurde, gab er bei uns die neuen Jingles für *Toggo Radio* in Auftrag.

Mittlerweile war er zum Nachrichten-Chef von *RTL Fernsehen* aufgestiegen.

Vor einigen Monaten klingelte mein Handy, Stephan Schmitter war am Telefon und meinte: „Thomas, RTL baut gerade neue Studios für alle Nachrichten-Sendungen: RTL Aktuell, RTL Direkt, RTL Punkt 8 und RTL Nachtjournal. Alle Jingles sind bereits produziert, aber ich glaube, da geht noch mehr. Denkst du, ihr könnt mir helfen?" Mir viel an dieser Stelle nur ein Satz ein, den ich einmal von einem Film aufgeschnappt habe: „Kein Problem. Dafür wurden wir ausgebildet!"

Ich rief sofort Peter und alle Mitarbeiter zusammen und meinte: „Alles liegen und stehen lassen! Ab jetzt arbeiten wir nur noch an den neuen Nachrichten für RTL."

Glücklicherweise konnten wir Stephan und sein Team überreden, nach Salzburg zu reisen. Ich wusste, wenn man gemeinsam in unserem Studio an den neuen Elementen arbeitet, setzt man sich mit der Musik viel intensiver auseinander, als wenn wir eine MP3-Datei per E-Mail schicken würden.

Als Stephan und sein Team nach Salzburg kamen, waren wir sehr gut vorbereitet. Wir teilten die von uns produzierten Vorschläge in eine blaue, grüne und orange Welt ein. In jeder Welt gab es einen musikalischen Vorschlag für RTL Aktuell, RTL um 8, RTL Direkt und das RTL Nachtjournal. An jedem dieser Vorschläge arbeiteten wir mehrere Tage. Und für all diese Produktion-Elemente nahmen wir echtes Orchester auf. Jeden dieser Vorschläge diskutierten Peter, unser Mitarbeiter Robert und ich viel und änderten sie mehrmals ab. Um es simple auf den Punkt zu bringen: Wir waren echt nervös!

Mehrere Stunden hörten wir mit den Leuten von RTL unsere musikalischen Vorschläge an, diskutierten, verglichen die blaue mit der grünen mit der orangenen Welt. Über lange Zeit machten sich unsere Gäste Notizen und man wusste nicht genau, was sie über die Produktion dachten.

Nach einiger Zeit gab es endlich gab es eine Reaktion: Ich weiß die genauen Wort nicht mehr, aber Stephan und sein Team waren begeistert und wussten gar nicht, für welche Variante sie sich entscheiden sollten.

Wir bekamen eine Einladung für den 4. September 2022, zur Premiere der ersten „RTL Aktuell"-Nachrichten aus dem neuen Studio und zugleich die erste Sendung mit unserer Musik. Meistens, wenn wir für einen Sender eine neue Musik produzieren, beschäftigt mich das Thema zum letztenmal, wenn ich die Produktionselemente an den Kunden schicke. Bei dem Programmstart dabei zu sein, zu sehen, wie das gesamte Team davor nervös und danach erleichtert ist und mich danach mit den handelnden Personen wie dem Moderator Peter Kloeppel zu unterhalten, hat für mich einen Unterschied gemacht. Was für eine spannende Reise, vielen Dank dafür, lieber Stephan.

So haben wir die Musik für RTL Aktuell gemacht:

WIR PRODUZIEREN GEMEINSAM EINEN SONG

Wir sind in diesem Buch alle Stationen, die ich für ein Arrangement wichtig halte, durchgegangen. In diesem Kapitel möchte ich euch noch einmal ein Praxisbeispiel geben, bei dem zeige, wie ich beim Erstellen eines Arrangement vorgehen würde. Als Basis nehmen wir unsere „Arranger Checklist“ und überprüfen, Punk für Punkt, ob er für unseren Song eine Rolle spielt und wie wir diesen umsetzen.

ARRANGER CHECKLIST	
☑	Drums
☑	Percussion
☑	Soundeffekte
☑	Bass
☑	Akkorde
☑	Arpeggios
☑	Gitarren
☑	Melodien
☑	Orchester

Als Erstes erzeugen wir einen neuen und leeren Song in unserer DAW und speichern diesen sofort wieder, damit wir ab jetzt nur noch „Control (Strg)“ + „S” drücken müssen, um die aktuelle Version zu speichern.

Als Nächstes schalten wir das Metronom ein und entscheiden uns für ein Tempo. In unserem Fall wollen wir einen tanzbaren Pop-Track produzieren und deshalb entscheide ich mich für 124 bpm.

Wir starten mit den Drums. Als Erstes wähle ich eine Bassdrum aus der Library *KSHMR 4* und spiele sie in Vierteln ein, also auf 1.1, 1.2, 1.3 und 1.4.

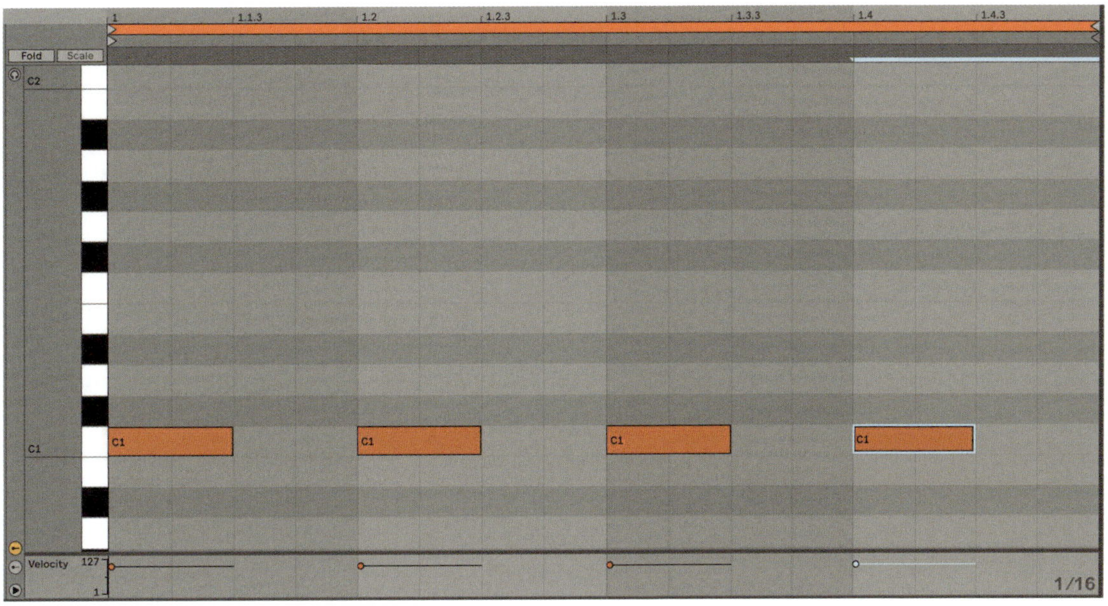

Danach suche ich mir einen geeigneten Sound für die Snaredrum. Um schnell auf eine große Auswahl von Snare-Sounds zugreifen zu können, lade ich mir den *Mugent Player* und dort das Instrument „Snare Set", das eine Vielzahl von Snare-Sounds über die Tastatur verteilt bietet. Ich spiele die erste Snare auf 1.2 und 1.4 ein, oder einfacher ausgedrückt, auf Zwei und Vier. Während meine Einspielung im Loop läuft, ändere ich die Note der Snaredrum, um die unterschiedlichen Sounds in Kombination mit der Bassdrums hören zu können. Ich entscheide mich für zwei Sounds, die ich miteinander mixe.

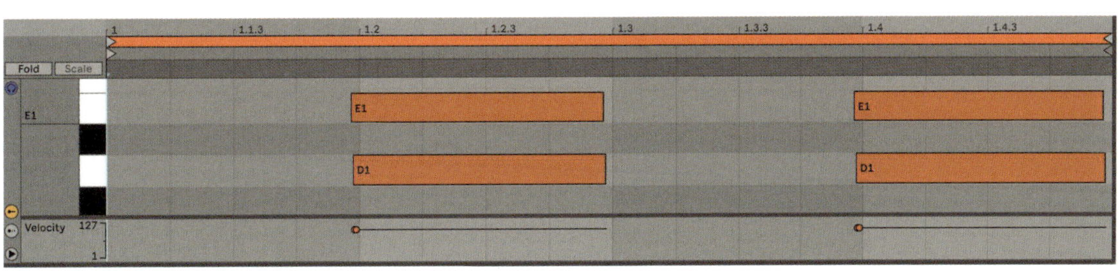

Von <u>*mugent.com*</u> habe ich mir ein paar elektronische Clap-Sounds in einen Drum-Sampler geladen, die ich ebenfalls auf Zwei und Vier einspiele. Dabei experimentiere ich mit der exakten Position und entscheide mich, das Sample etwas nach links zu schieben.

Warum mache ich das? Um das zu verstehen, sollten wir uns einmal kurz die Wellenform einer typischen Snaredrum anschauen, um sie mit der Wellenform eines typischen Claps zu vergleichen:

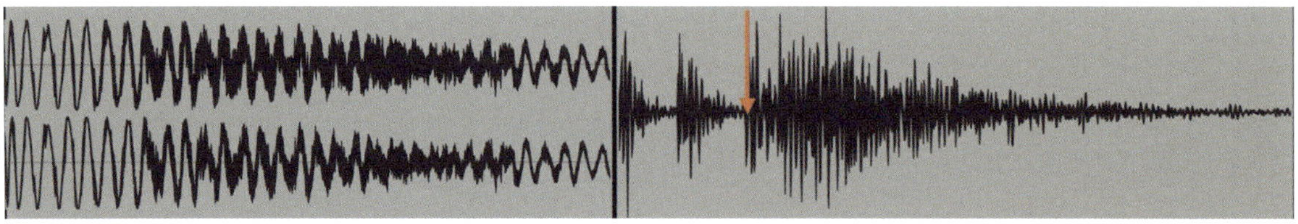

Links sehen wir die Snaredrum, die sofort mit einem harten Akzent startet. Rechts sehen wir den Clap, der nach zwei kleinen Akzenten erst seinen Haupt-Attack hat (siehe orangefarbener Pfeil). Warum das so ist, kann man leicht verstehen, wenn man sich überlegt, wie ein Clap-Sound zustande kommt.

Im Grunde sind das etwa fünf Menschen, die gleichzeitig in die Hände klatschen. Herbert ist Drummer und Susanne ist Percussion-Spielerin. Beide haben ein tolles Timing und sind exakt auf dem Beat. Tanja und Klemens sind etwas zu früh aufgestanden und heute etwas unentspannt und klatschen daher etwas zu früh. Und Jack hat heute schon zwei Bier getrunken und klatscht daher etwas zu spät. Wenn wir dieses Sample jetzt genau auf den Beat stellen, sind auf einmal Tanja und Klemens am Punkt und alle anderen zu spät.

Deshalb klingt es besser, wenn wir das Sample etwa so weit nach links schieben, dass der Haupt-Akzent auf dem Beat ist. Bei einem elektronischen Clap-Sound, bei dem niemals jemand geklatscht hat, verhält sich das genau so. Ich empfehle daher einfach ein bisschen mit der Position zu experimentieren und kritisch zu hören, wo es am besten klingt.

Um eine geeignete Hi-Hat zu finden, lade ich ein paar *Batterie*-Sounds (Das ist der Drum-Sampler von *Native Instruments*) und spiele diese in Achteln ein.

Nun habe ich einen eintaktigen Drum-Loop gemacht, den ich siebenmal kopiere, um daraus einen achttaktigen Drum-Loop zu machen. Es ist immer gut, am Ende einer Acht Takte-Gruppe ein kleines Fill oder auch einen Break zu machen. Dafür wähle ich eine dritte Snare in meinem Mugent Player und positioniere diese im achten Takt, eine Sechzehntel vor der Drei, eine Achtel danach, eine auf die Vier und eine weitere eine Sechzehntel nach der Vier.

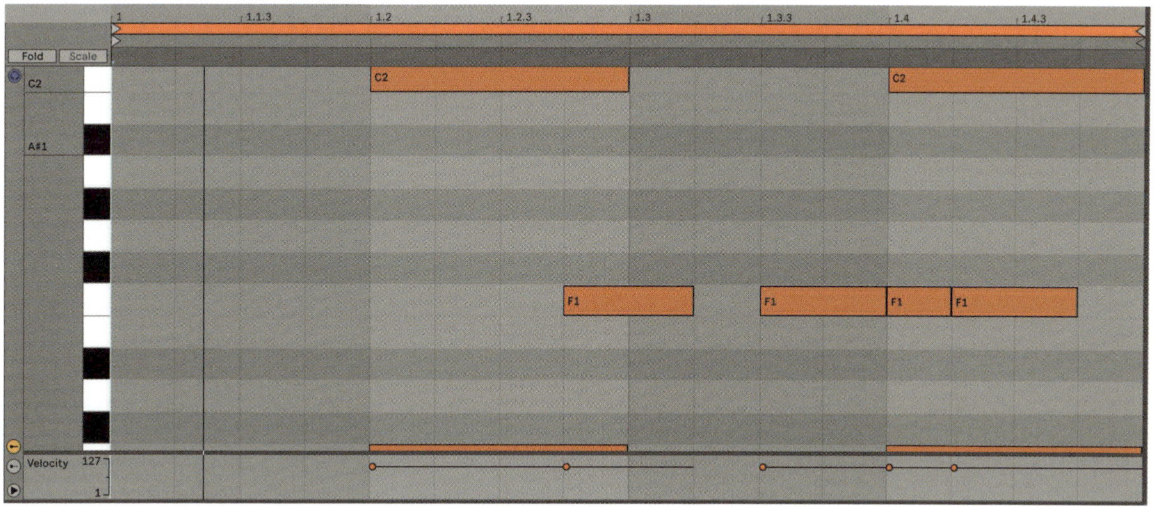

Um das Drum-Fill noch etwas interessanter zu gestalten, bilde ich mir einen Retro-Disco- Sound ein und finde eine Electro-Tom in dem Plugin *TAL-U-NO-LX*, eine Emulation des Klassikers *Juno 60*. Ich spiele damit einen einzelnen Schlag auf die Vier des Breaks.

Weiters lade ich ein paar Tom Toms in einem sehr alten Plugin *Stylus* der Firma *Spectrasonics* und spiele einen Schlag auf das letzte Achtel, also eine Achtel nach der Vier.

Nun lade ich mir noch ein Crash Sample von *mugent.com* und spiele es auf die Eins des ersten Taktes. Nachdem unsere acht Takte im Loop laufen, hören wir diesen Crash immer nach dem Drum-Break.

Nachdem wir jetzt eine gute rhythmische Basis haben, konzentrieren wir uns auf die Akkorde. Dazu lade ich einen Klavier-Sound des Plugins *Keyscape* von *Spectrasonics*, auch wenn ich zu diesem Zeit noch nicht weiß, ob das Klavier in der Endversion zu hören sein wird. Ich spiele ein viertaktiges Akkord-Schema, wobei jeder Akkord nur einmal angeschlagen wird und bis zum nächsten Akkord liegenbleibt.

Weiter geht es mit dem Bass. Mir schwebt ein elektrischer Bass vor, der so klingt, als hätte ihn ein echter Bassist gespielt. Dazu lade ich das Plugin *Kontakt* und dort den Sound *Scarbee MM-Bass*.

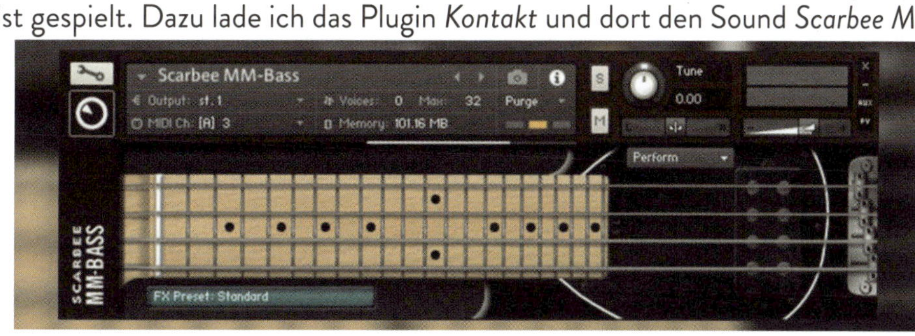

Nun zeichne ich eine Achtel auf dem Grundton der ersten Harmonie ein, kopiere diese nach rechts und spiele mit der Position dieser zweiten Note. Ich finde Gefallen daran, diese Note eine Sechzehntel vor dem zweiten Beat zu platzieren, eine dritte Note eine Achtel nach der Zwei und eine vierte Note eine Achtel nach der Drei. Immer wieder experimentiere ich mit den Positionen. Und zwar so lange, bis mich das Resultat im Loop überzeugt. Ich erinnere mich daran, dass viele Disco-Songs den Bass auf jeder zweiten Note eine Oktave höher spielen. Also versuche ich das selbst: Die zweite und vierte Note transponiere ich um eine Oktave nach oben. Da mir das Resultat gut gefällt, kopiere ich dieses Bass-Schema auf den zweiten, dritten und vierten Takt und passe die Töne den Harmonien an. Am Ende eines jeden Taktes spiele ich noch zwei Sechzehntel ein, die zum nächsten Akkord leiten.

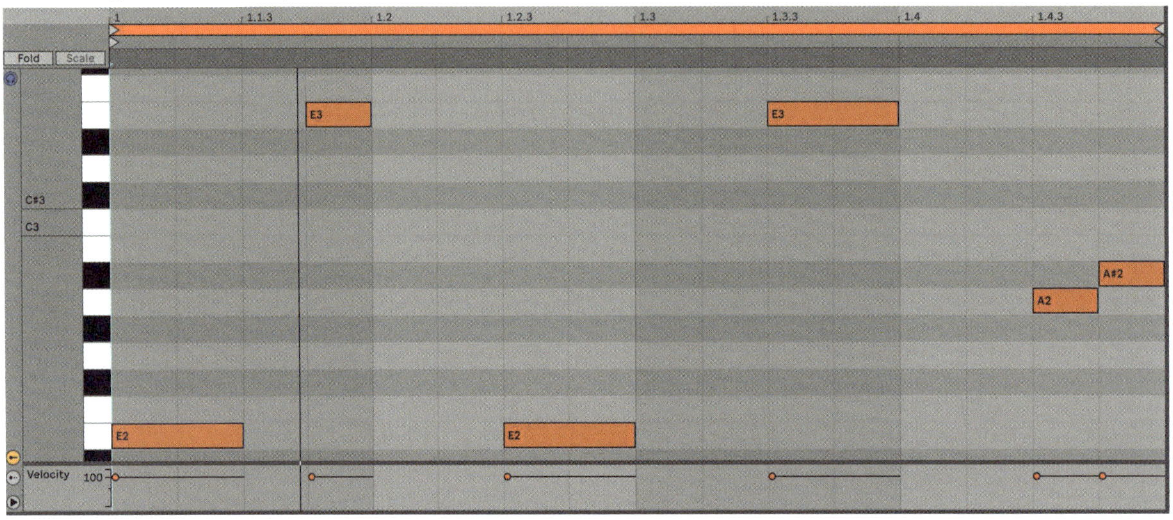

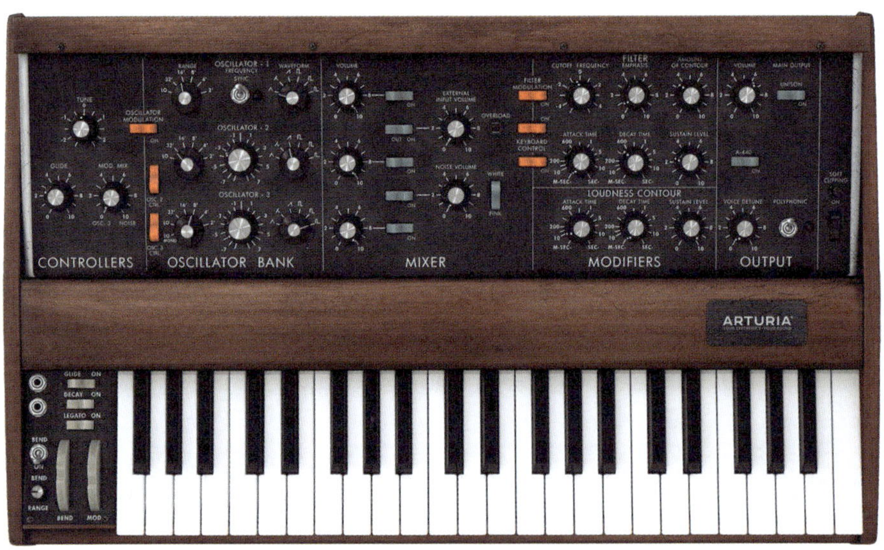

Um den Sound interessant und abwechslungsreich zu halten, kopiere ich das Bass-Pattern auf eine neue Spur und lade das Plugin *Mini V3* (die *Minimoog*-Simulation von *Arturia*). Damit dopple ich die gesamte Bass-Phrase als Variation. Beim Mischen mehrerer Bässe versuche ich immer nur einen Bass als Main-Bass zu verwenden und filtere die Bässe, die unter 150 Hz bis 200 Hz sind, aus den anderen raus. Alleine klingt der Sound dann sehr dünn, aber im Mix fällt das nicht auf und der Pegel des gesamten Basses nimmt nicht plötzlich so stark zu, wenn alle Bässe gleichzeitig spielen. Nun schalte ich den *Minimoog*-Bass wieder aus und merke mir diesen als Variation.

Als Nächstes möchte ich einen Pad-Sound, der die Akkorde doppelt. Dazu kopiere ich das Klavier auf eine neue Spur, lade den *Serum* und programmiere mir schnell ein Pad, das so klingt, wie ich es im Kopf habe: Zwei Oszillatoren mit einer Sägezahn-Wellenform, wobei der zweite eine Oktave höher ist als der erste. Bei beiden Oszillatoren stelle ich Unison auf fünf Stimmen, verstimme diese etwas mit Detune, um einen breiten Stereo Sound zu erzeugen. Nun nutze ich einen Tiefpassfilter, um den Sound eher dumpf klingen zu lassen.

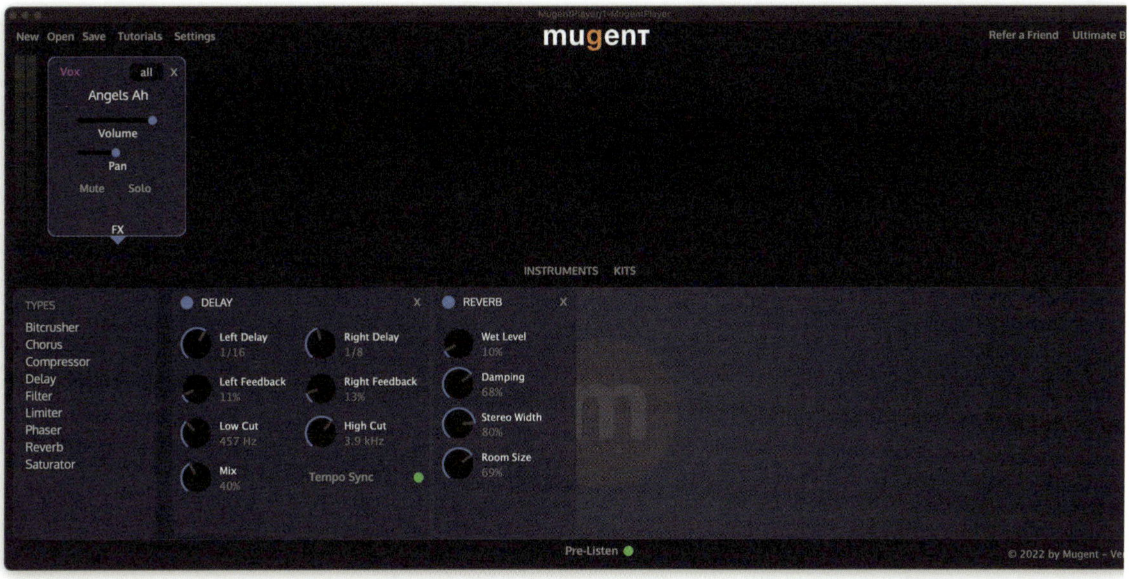

Nun gehe ich zu dem Envelope, der für die Lautstärke zuständig ist, und erhöhe etwas die Attack, um einen weichen Anschlag zu haben, und auch etwas die Release, um einen weichen Ausklang zu haben. Als Nächstes lade ich auf diese Spur den *TAL-CHORUS-LX*, ein tolles, kostenloses Plugin der Firma *TAL Software*, um den Sound noch voller zu machen, und einen Reverb, um ihn noch räumlicher klingen zu lassen.

Nächster Punkt unserer Checkliste sind die Arpeggios. Als Erstes lade ich *Nexus 4* von *REFX* und experimentiere mit ein paar Synthesizer aus der Kategorie „Plucked", die sich meistens für Arpeggios gut eigenen. Normalerweise ist der *Nexus 4* sehr geeignet für diese Kategorie von Sound, heute aber finde ich nichts Passendes und probiere daher ein paar andere Plugins aus. Ich lande bei dem Sound „Angels Ah" des *Mugent Players*, lasse wieder einen Takt im Loop laufen und spiele eine Sechzehntel auf dem ersten Beat ein. Um den Sound etwas akzentuierter klingen zu lassen mache ich die Note etwas kürzer. Ich ziehe eine Selektion, also ein Viereck, mit der Maus über drei Sechzehntel und dupliziere diese fünfmal bis zum Ende des Taktes. Ich entscheide mich, die letzte Note ein Sechzehntel vorzuziehen, damit der Loop flüssiger klingt.

Da ich noch mehr Sechzehntel hören möchte, öffne ich den *Mugent Player*, gehe zu den Effekten und stelle den Delay auf der linken Seite auf eine Sechzehntel und rechts auf eine Achtel. Ich nutze den Low Cut, um die tiefen Frequenzen bei 450 Hz zu filtern, und den High Cut, um die hohen

Frequenzen bei etwa 4 Khz zu filtern. Den Effekt Anteil (Mix) stelle ich auf 40%. Nun hören wir diesen Vocal-Sound in durchgehenden Sechzehntel, jedoch klingen die eingezeichneten Noten etwas lauter und voller und dadurch akzentuiert.

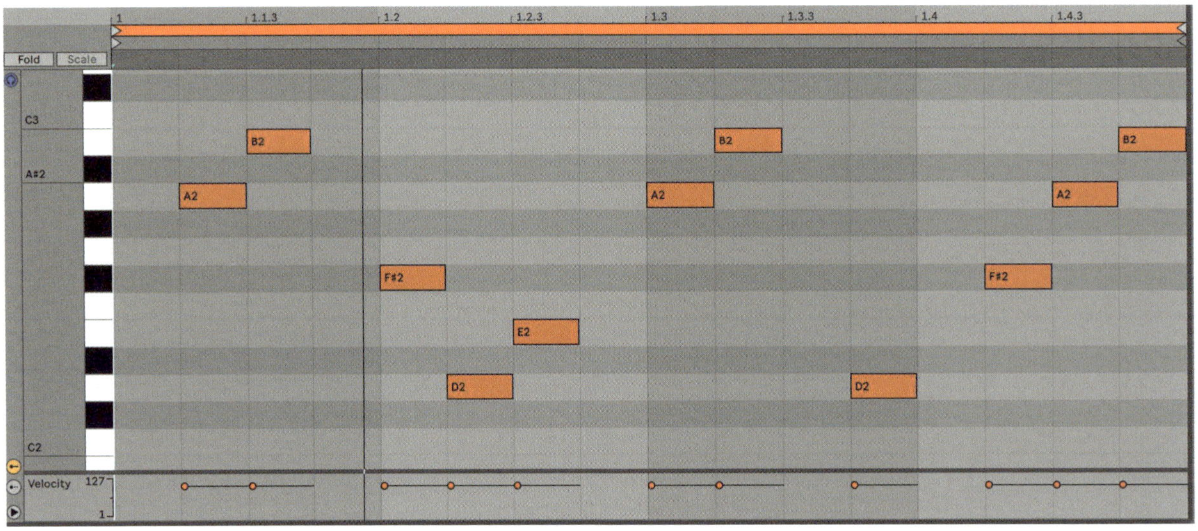

Für eine weitere Sechzehntel-Synthesizer-Phrase lade ich den *Omnisphere* von *Spectrasonic*, lasse diesen auf dem Start Preset, ein nicht sehr schöner Sägezahn-Sound, und kümmere mich erst einmal um die Noten. Ich erstelle ein leeres Pattern, lasse wieder einen Takt im Loop laufen und zeichne ein paar Sechzehntel ein, von denen ich denke, dass sie über alle Akkorde gut klingen könnten. Den Grundton, die Terz, Quart, Quint und Sept. In B-Moll (oder auf Deutsch würde man auch H-Moll sagen) sind das die Töne B, D, E, F# und A. Ich schiebe die Töne so lange am Bildschirm herum, bis eine rhythmisch spannende Phrase entsteht, die mir gefällt.

Nun, wo ich mit den Noten zufrieden bin, kümmere ich mich um den Sound. Ich aktiviere im Omnisphere auf die Kategorie „Synth Short", lasse die Phrase im Loop laufen und klicke mich durch die Presets. Diese Sounds sind alle sehr kurz, haben eine starke Attack, also einen harten Anschlag, und eignen sich daher als Arpeggio Sounds. Ich loope dieses Riff über 8 Takte und merke, dass es den Track etwas überladen macht, wenn es von Anfang bis Ende durchläuft. Deshalb zeichne ich eine Lautstärken-Automation, die extrem leise anfängt und über acht Takte lauter wird.

Als Nächstes möchte ich noch eine Gitarre hinzufügen. Dazu gibt es viele Möglichkeiten. Ich könnte selbst Gitarre spielen oder ich könnte einen Musiker buchen. Neben tollen Musikern, mit denen wir in London, Wien oder München zusammenarbeiten, nutze ich in letzter Zeit auch gerne Musiker der Firma Musiversal, die auf der ganzen Welt verteilt sind und mit denen ich deshalb auch rund um die Uhr arbeiten kann.

Eine andere Möglichkeit wäre, sich Loops aus einer Library zu laden. Für diesen Sound, der sich wahrscheinlich irgendwo zwischen Funk und Disco befindet, wäre zum Beispiel eine Library wie „Le Freaky Guitars" von *Loopmasters* geeignet. Oder man könnte ein Plugin nutzen, das auf Gitarrenriffs spezialisiert ist, wie zum Beispiel den „Scarbee Funk Guitarist". Das war einer der ersten Gitarren--

Plugins von *Native Instruments*, wodurch er sehr umständlich zu bedienen ist, aber dafür klingt dieser Kontakt Sound echt toll.

Konkret entscheide ich mich für einen viel einfacheren Weg: Ich lade einen ganz simplen Sound aus der Factor Library von Kontakt: die Electric Guitar. Ich spiele einen kurzen Akkord auf der Drei und einen weiteren ein Sechzehntel vor der Vier. Ich kopiere das auf den zweiten Takt, lasse aber den dritten und vierten Takt leer.

Vielleicht lasse ich diese Gitarre zu einem späteren Zeitpunkt noch von einem Gitarristen neu einspielen. Aber jetzt möchte ich mich davon nicht weiter aufhalten lassen.

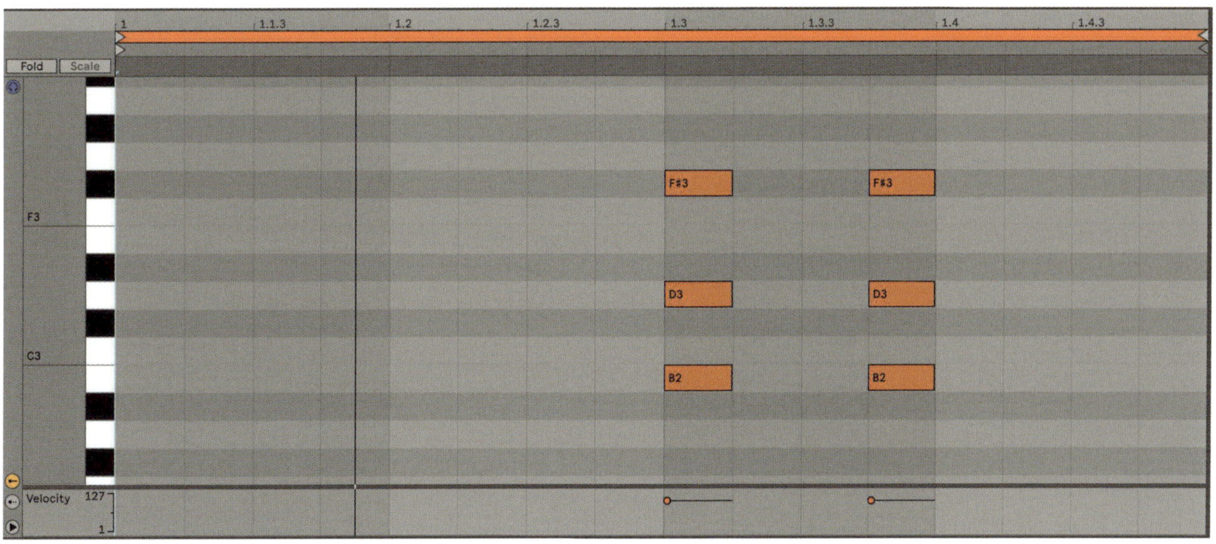

Nun schauen wir auf unsere Checkliste:

ARRANGER CHECKLIST	
☑	Drums
☒	Percussion
☒	Soundeffekte
☑	Bass
☑	Akkorde
☑	Arpeggios
☑	Gitarren
☒	Melodien
☒	Orchester

Drums haben wir ausreichend programmiert.

Passen zu diesem Track noch Percussion?

Ich finde einen Sound, der etwas nach Woodblock oder einer Cowbell klingt, lege darauf ganz viel Hall und spiele damit am Ende einer Vier-Takte-Gruppe ein paar Achtel-Triolen ein.

Soundeffekte vermisse ich in diesem Track bisher nicht, Melodie und Orchester fehlt uns noch. Deshalb lade ich die *Berlin Legato Strings* und spiele damit eine lange Note auf dem Grundton ein, die über vier Takte liegen bleibt. In einer sehr alten Library habe ich Samples (die ich seit über 25 Jahren nutze), die sich „Strings chromatisch Run" nennen. Das sind Aufnahmen von echten Geigen, die in sehr schnellem Tempo über eine Oktave alle Halbtöne spielen. Ich suche mir diese Phrase in der richtigen Tonart, also „Bm", und stelle sie als Auftakt zu der langen Note. Mit der Time-Streichung--(Warp)-Funktion optimiere ich das Tempo dieser Phrase für meinen Track.

Mit weiteren Sounds spiele ich noch ein paar Streicherphrasen und Melodien ein.

Jetzt sollten wir uns um den Ablauf des Songs kümmern. In den 80ern hatten die meisten Popsongs unterschiedliche Harmonien für die Strophe, für die Bridge, für den Refrain und manchmal sogar für das Intro. Wenn sie Whitney Houston sang, dann brachen sie alle Rekorde, für die meisten Akkorde in einem Song. Das hat sich im Lauf der Jahre deutlich reduziert. Viele Songs bzw. Club–Tracks haben ein zweitaktiges Akkord-Schema, das sich den gesamten Song nicht ändert. Das Einzige, was sich ändert, um dem Song eine gewisse Struktur bzw. Dynamik zu geben, ist das Arrangement.

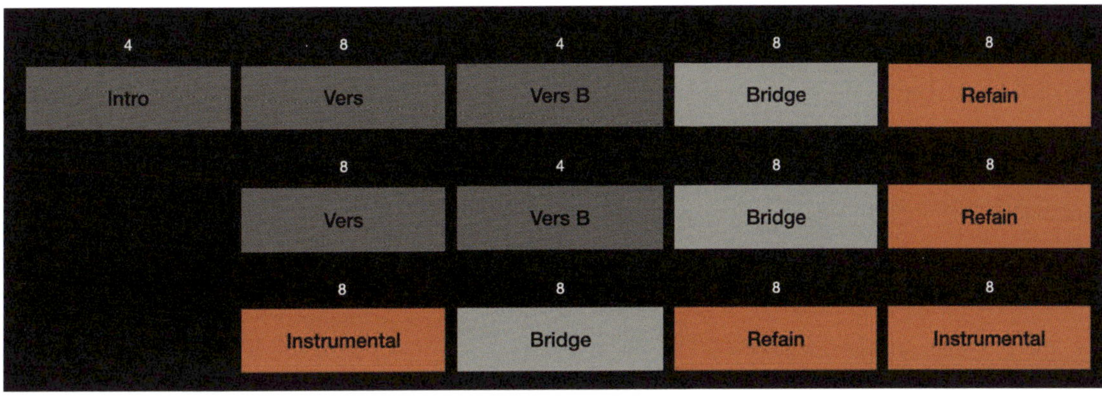

In unserem Song entscheide ich mich, der Bridge eigene Akkorde zu geben, um nicht langweilig zu werden. Nun fange ich an, dem Song einen Ablauf zu geben:

Wir starten mit einem viertaktigen Intro, in dem wir das Schlagzeug noch zurückhalten und den vierten Takt leer lassen, damit Platz ist für den Auftakt des Gesanges. Auf dem letzten Viertel spielen wir mit dem Bass einen Slide nach oben und zurück ein.

In der Strophe bringen wir die vollen Drums und den Bass, aber halten uns mit den anderen Elementen noch zurück. Der Vers B hat im Gesang eine neue Melodie, die einzige Änderung im Arrangement ist, dass wir den Minimoog–Bass dazu nehmen.

In der Bridge stoppen den Bass und die Drums und bringen dafür alle anderen Elemente: das Klavier, das Pad, die Vocal Phrase in Sechzehntel und ab der Hälfte kommen sogar die Streicher dazu. Das einzige Element der Drums was wir beibehalten, sind die Claps.

Am Ende der Bridge stoppen wir das Arrangement für einen halben Takt, um wieder Platz für den Auftakt des Gesanges zu schaffen.

In einem Popsong der 80er wäre jetzt im Refrain das volle Arrangement genutzt worden, aber genau hier machen wir einen Unterschied, um den Track eine modernere Anmutung zu geben, und reduzieren das Arrangement wieder auf Bass und Drums.

Danach wiederholden wir den gesamten Ablauf von der Strophe bis zum Refrain. Jetzt machen wir einen instrumentalen Part, indem wir das volle Arrangement bringen, die Extra-Streicherphrasen und einige neue Elemente vom Chor. Dann wiederholen wir noch einmal die Bridge.

Und jetzt bringen wir zum erstenmal den Refrain mit dem vollen Arrangement, gefolgt von einem weiteren Instrumental–Part.

Ich hätte zu all diesen Schritten Hörbeispiele bringen können, doch ich habe mich für einen, aus meiner Sicht, spannenderen Weg entschieden: Ich habe das Arrangement in eurem Kopf wachsen lassen und jetzt möchte ich euch gerne den gesamten Song vorspielen. Der Song ist nämlich keine Produktion von mir, sondern ein Song, den ihr sehr gut kennt:

„Don't start now" von *Dua Lipa*

Ich würde euch empfehlen, den Song jetzt einmal in Ruhe anzuhören, um alle hier besprochenen Parts des Arrangement im fertigen Song zu hören. Viel Spaß!

DON'T LEAVE ME THIS WAY

Ich fände es schade, wenn sich unsere Wege hier trennen würden, deshalb möchte ich euch ein paar Möglichkeiten aufzeigen, wie wir in Verbindung bleiben könnten:

DIE REZESSION

Erst einmal würde ich mich extrem freuen, wenn ihr kurz auf Amazon geht und eine Rezession zu diesem Buch schreibt. Auch Kritik ist herzlich willkommen. Ich würde mich einfach über ein Feedback freuen.

DIE FACEBOOK-GRUPPE

Weiters könnt ihr zu diesem Buch auch Fragen stellen. Das macht ihr am besten in meiner Facebook-Gruppe „Thomas Foster Musikproduktion (German Group)“

In dieser Gruppe gibt es viele Profis, einige davon findet ihr im Mitgliederbereich als Gruppen- Experte. Aber natürlich sind auch viele Anfänger in dieser Gruppe. Ich bin immer wieder begeistert, wie nicht arrogant und hilfsbereit sich die Profis mit den Anfängern auseinandersetzen.

DAS ERSTE BUCH

Wenn euch dieses Buch gefallen hat, solltet ihr euch auch einmal mein erstes Buch „EDM komponieren” anschauen. Hier erkläre ich euch die Grundlagen der Musiktheorie oder anders gesagt: Alles, was man wissen muss, um eine Akkordfolge zu schreiben und darüber eine Melodie zu komponieren.

DER PODCAST

Alle zwei Wochen erscheint eine neue Folge meines Podcasts „Thomas Foster Musikproduktion“.

In den ersten Folgen dieses Podcasts erkläre ich euch klar und einfach die Basics der Musikproduktion. Was ist ein Equalizer, wie stellt man einen Compressor ein, wofür benötigt man Time-Streching, wie mastert man seinen Track selbst etc.

In aktuelleren Folgen sind die besten Produzenten aus dem deutschsprachigen Markt im Interview und verraten ihre Tricks.

YOUTUBE

Auf meinem Youtube-Kanal, der Name dürfte an dieser Stelle nicht überraschend sein,

Thomas Foster Musikproduktion

findet ihr Tutorials für alle wichtigen DAWs wie *FL Studio, Ableton Live, Cubase, Logic Pro* und einige mehr wie für die wichtigsten Plugins bzw. Produktionstechniken.

DIE ONLINE-SCHULE

Aufgrund von vielfacher Nachfrage habe ich zusammen mit meiner Tochter Lara eine Online-Schule für Musikproduktion gestartet:

DIE MUSIC PRODUCTION ACADEMY

Gestartet haben wir mit einem Kurs für *FL Studio* und *Logic Pro*, für die Zukunft haben wir einen Kurs für *Ableton* und *Cubase* geplant. Du lernst, wie du in deiner DAW einen kompletten Track produzierst, von der Programmierung der Drums bis Themen wie Mixen und Mastern.

DAS PLUGIN

Zusammen mit einem ehemaligen Mitarbeiter von *SONY* und meinem Partner Peter habe ich das Startup *MUGENT* gegründet. *Mugent* steht für "musically intelligent"

Unser erstes Projekt war es, eine Webpage zu bauen, auf der man kostenfrei die besten Sounds laden kann, die man online findet. Kein Login, keine Kreditkarte, einfach suchen, finden, anhören und downloaden. Und ihr habt alle Rechte, um diese Samples zu veröffentlichen. Also ein Muss für jeden Musikproduzenten.

In unserem zweiten Projekt haben wir ein VST-Plugin programmiert, das tolle Sounds und Arrangement bietet:

DEN MUGENT PLAYER

Der Player selbst sowie einige Sounds, die ihr in diesem Plugin findet, sind kostenlos, aber manche Sounds kosten etwas. Wer aber auch dafür kein Geld ausgeben möchte, kann sich in dem Plugin mit der Funktion „Refer a friend" einen Link holen, den man einem Freund schickt oder online postet. Jeder, der deinen Link verwendet, um den *Mugent Player* zu installieren, bringt dir eine Gutschrift über EUR 10,00, die man danach sofort in neue Sounds investieren kann.

Für nächstes Jahr ist unser drittes Projekt geplant, das es euch ermöglichen soll, für die Produktion eines Songs nicht mehr ein bis zwei Tage zu benötigen, sondern nur wenige Minuten. Mehr darf ich an dieser Stelle jedoch nicht verraten, sonst müsste ich alle Leser dieses Buches... und das scheint mir etwas unrealistisch.

TWITCH

Seit einiger Zeit produziere ich zusammen mit anderen Produzenten live auf Twitch Musik und ihr habt die Möglichkeit, dabei zu sein, Fragen zu stellen, Anregungen zu geben, ja, quasi ein Teil der Produktion zu sein. Die Sendungen sind meistens am Dienstag, um 19:30 Uhr, auf dem Twitch-Kanal „Thomas_Foster_music"

Denn jeden Dienstag sind wir fleißig – Live auf Twitch, um 19 Uhr dreißig! :-)

DANKE

Als Erstes möchte ich mich bei meinen Abonnenten bedanken: Ihr habt mir immer ein so tolles Feedback gegeben, dass es mir so unglaublich viel Spaß gemacht hat, auf YouTube und all diesen Plattformen aktiv zu sein.

Weiters möchte ich mich bei meiner Mitarbeiterin Lila bedanken. Ohne dich wüsste jeder, wie schlecht meine Rechtschreibung ist.

Danke auch an meine Verlobte: Ein Verrückter, wie ich einer bin, braucht eine ganz spezielle Frau, die für diesen ganzen Wahnsinn Verständnis hat und versteht, was hier passiert. Eine Frau, die mir auch ein Partner ist, mit dem ich meine Ideen diskutieren und hinterfragen kann. Ich bin sehr froh, dich gefunden zu haben.

Und danke an alle, die an diesem Buch mitgewirkt haben:

Klaas Gerling, Peter Kent, Peter Ries, Walter Mair, Steffen Harning, Robert Rettberg, Christian Hamm, Billy King, Hans-Martin Buff, Julius von Maldeghem, Marcus Neumann, und DJ KC, Lukas Hillebrand alias Kai Soffel.

Ich möchte mich auch bei ChatGPT bedanken, das mir bei der Überarbeitung meiner technischen Erklärungen geholfen hat. Obwohl das Buch bereits fertig war, konnte ChatGPT durch seine Fähigkeiten einige Erklärungen noch klarer formulieren und auf den Punkt bringen.

DAS FINALE

Musik produzieren ist eines der kreativsten und spannendsten Dinge, die man meiner Meinung nach tun kann. Seit über fünfzig Jahren entwickelt sich die Technik hierfür immer weiter. Haben wir noch vor dreißig Jahren ein großes Tonstudio gebraucht, kann man heute auf einem Laptop in seinem Schlafzimmer ein komplettes Album produzieren. Und die Reise ist noch lange nicht zu Ende. Künstliche Intelligenz wird zwar leider immer wieder auch versuchen, uns zu ersetzen, aber ich denke, sie wird uns vor allen Dingen helfen, noch effektiver zu arbeiten und noch interessantere Dinge tun zu können. Gebt diesen Traum niemals auf! Danke fürs Folgen und

IMMER KREATIV BLEIBEN – CHEERS

www.thomasfostermusikproduktion.com

DIR HAT DAS BUCH GEFALLEN?

Ich freue mich sehr, dass du mein Buch bis zu dieser Stelle gelesen hast. Wenn es dir gefallen hat, wäre es toll, wenn du ihm bei dem Online-Shop eine Bewertung gibst, bei dem du bestellt hast. Oder du schreibst bei einem deiner Lieblings-Buchportale eine Rezension.
Es ist nicht nur sehr schön, Meinungen zu meinem Buch zu lesen. Außerdem hilft es mir auch dabei, weitere Bücher zu schreiben und neue Leser für meine Bücher zu finden.

KAMPENWAND
VERLAG